Y Llyfr Ansoddeiriau

D. Geraint Lewis

Gomer

Argraffiad cyntaf – 2005
Ail argraffiad – 2013

ISBN 978 1 84323 239 1

Mae D. Geraint Lewis wedi datgan ei hawl dan
Ddeddf Hawlfraint, Dyluniadau a Phatentau 1988
i gael ei gydnabod fel awdur y llyfr hwn.

Argraffwyd yng Nghymru gan
Wasg Gomer, Llandysul, Ceredigion

Cyflwynedig
i
Manon
ym Macau

Rhagair

Mae'r gyfrol hon yn deillio o ymgais i ddynodi ym mha ddull (os o gwbl) y gellir cymharu yr ansoddeiriau a geir yn *Geiriadur Gomer* ar CD Rom. Yr oeddwn eisoes wedi cyffwrdd â'r maes yn *Y Geiriau Lletchwith* a'm dymuniad yw cyflawni ar gyfer ansoddeiriau yr hyn a wnaed ar gyfer berfau yn *Y Llyfr Berfau.* Sian Owen o Sir Fôn oedd yn golygu gwaith y CD ar y pryd, ac o droedio'r tir newydd yma, cododd Sian nifer helaeth o gwestiynau yr wyf yn ceisio mynd i'r afael â rhai ohonynt yn y Rhagair a'r gweddill yn y cofnodion a geir dan yr ansoddeiriau – ac rwy'n dra dyledus iddi am hyn.

Un o deithi nodweddiadol y Gymraeg yw ffurfiau arbennig yr ansoddair – ffurfiau benywaidd a lluosog, gydag o leiaf ddwy ffordd o gymharu rhai ansoddeiriau tra bo eraill yn aros yn ddigyfnewid. (Gweler yr adran 'Trefn y cofnodion'.)

Mae problemau'n codi oherwydd nad ffurf ramadegol absoliwt mo ansoddair. Y mae wrth ei fodd yn cyflawni swyddogaeth enw. Felly, y mae'r mwyafrif helaeth o ansoddeiriau a restrir yn gallu bod, hefyd, yn enwau ar briodoleddau haniaethol e.e. *y da, y gwych.* Gellir sôn, er enghraifft, am *yr annisgwyl yn ein bywyd.* Gellir cyfosod ffurf bositif â ffurf negyddol, e.e *yr abl a'r anabl; y llythrennog a'r anllythrennog.* Weithiau ceir ffurf unigol a ffurf luosog, e.e. *y dall, y deillion.* Bryd arall, gall y ffurf unigol olygu y lluosog hefyd, e.e. *Mae'r haul yn gwenu ar y drwg a'r da* – hynny yw, 'pobl ddrwg a phobl dda'.

Mae ffurf eithaf ansoddair, fel arfer, yn sefyll ar ei phen ei hun fel enw, e.e. *y cryfaf.* O ddefnyddio'r ffurf eithaf fel enw, mae'n cydymffurfio â rheol arbennig lle y mae 'll' a 'rh' yn treiglo'n feddal (yn groes i'r rheol arferol yn ymwneud ag 'll' a 'rh' ar ddechrau enw benywaidd sy'n dilyn y fannod 'y'), e.e. am ddwy afon – *nofiais ar draws y leiaf.*

Defnydd cyffredin o ansoddeiriau, hefyd, yw i ffurfio adferf ar ôl 'yn', e.e. *canu'n angylaidd; cysgu'n drwm*. Yna, o ran ystyr ansoddeiriau, mae cwestiwn yn codi a oes ansoddeiriau ag ystyron 'absoliwt'? Os yw rhywbeth yn 'aerdynn', a ydyw'n bosibl iddo fod 'yn fwy aerdynn' na rhywbeth arall?

Tra bo'r rhain yn gwestiynau hollol ddilys wrth ystyried cymharu graddau ansoddeiriau, yr oedd rhaid meddwl am swyddogaethau eraill graddau cymharu. Gradd gyfartal fel 'ebychiad' – *Dywylled y nos!;* neu'r gwahaniaeth rhwng 'cymhariaeth' – *Mae John cyn daled â Dafydd* a 'chyffelybiaeth' – *cyn dywylled â phechod; cyn farwed â hoelen.* Gellid, hefyd, feddwl am ymadroddion megis *mwyaf dirybudd* neu *mwyaf annisgwyl* lle y defnyddir y radd eithaf i fynegi maint y profiad yn hytrach na'i gymharu ag unrhyw beth arall, sef *'hollol ddirybudd'* neu *'hollol annisgwyl'*. Hefyd, y mae modd llunio cwestiynau neu gymalau negyddol lle y byddai'r ystyron 'absoliwt' hyn yn ddilys mewn ffyrdd nad ydynt yn ddilys mewn gosodiad positif – *Nid yw'r jar yma mor aerdynn ag y tybiaist*. Ac, wrth gwrs, dyna ddefnydd y beirdd a'r llenorion a fyddai'n gallu gwneud i'r ffurfiau hyn sefyll ar eu pennau, bob un, pe dymunent hynny!

Rhaid gosod rhybudd iechyd iaith yma. Oherwydd bod ffurf yn ymddangos yn y rhestr, ni ddylid ei defnyddio'n ddi-feddwl. Rwy'n ymwybodol bod rhai o'r ffurfiau hyn yn bodoli ar y ffin denau rhwng cywair tra ffurfiol a'r dwl. Rwy'n ofni mai eich penderfyniad chi yw pa ochr i'r llwybr hwnnw yr ydych am ei thramwyo!

Rhaid diolch unwaith yn rhagor i Wasg Gomer am ei gofal yn llywio'r gyfrol drwy'r wasg.

D. Geraint Lewis
Llangwyryfon
Hydref 2005

Foreword

In Welsh (as in English), there are two methods of comparing adjectives (i.e those adjectives which may be compared). In English there is the 'as large; larger; largest' system, corresponding roughly to 'cyn hardded; harddach; harddaf' in Welsh, and the 'as beautiful; more beautiful; most beautiful' forms corresponding to the Welsh 'mor fyglyd; mwy myglyd; mwyaf myglyd', there are more irregular forms of comparison in Welsh, corresponding to 'good; better; best' in English. However in Welsh there are also plural and feminine forms of some Welsh adjectives (which have no equivalent in English) so 'bachgen gwyn; merch wen; bechgyn a merched gwynion'.

In addition, there are many changes that occur to consonants and vowels in the process of comparison. Consonants harden, so 'teg' begets 'teced; tecach; tecaf' and vowels change, 'hen' gives 'hyned; hŷn; hynaf' and 'meirw' is the plural form of the adjective 'marw'. Coupled to this are the rules of Mutation that relate to adjectives following feminine nouns and feminine forms following the definite article 'y' (in both cases Treiglad Meddal is triggered). This means that it is almost impossible to conceive of a situation whereby a feminine form of an adjective could appear in its un-mutated form – other than in a dictionary or a in a list such as this; Gwen as a girl's name is one exception.

Given the minefield I've described above, it might be some relief to know that many of the forms that fall in to the above categories are archaic or of a distinctly literary character, so much so that they pose problems for native Welsh speakers as well as learners, hence the reason for this listing.

I have included many of these comparatively rare forms, so that you may find their meaning if you come across them in a Welsh text. The warning that must follow however, is you must treat these unfamiliar forms with care. Because they are listed here, does not mean they may be used with impunity. Indeed some of the rarest forms border on the facetious.

D. Geraint Lewis
Llangwyryfon
July 2005

Trefn y Cofnodion

yr ansoddair
rhai cyfystyron Saesneg
y ffurf fenywaidd (os oes un)
y ffurf lusosg (os oes un)
y + yr ansoddair os oes modd ei ddefnyddio fel enw
y + y ffurf fenywaidd (os oes modd ei defnyddio fel enw)
y + y ffurf luosog (os oes modd ei defnyddio fel enw
　　lluosog)
nodi os yw'r ansoddair yn arfer digwydd o flaen enw
nodi os nad yw'r ansoddair yn arfer cael ei gymharu
cymharu'r ansoddair yn y dull cyn, yn, y(r) os gwneir
　　hynny
cymharu yn y dull mor, mwy, mwyaf os gwneir hynny

Sylwch: yn y broses o osod y fannod o flaen ffurf
gysefin yr ansoddair, neu o flaen ei ffurf eithaf er mwyn
creu enw e.e. y du, y duaf; y teg, y tecaf, gellir creu ffurf
fenywaidd cyfatebol trwy Dreigo'r cytseiniaid treigladwy
yn Feddal y ddu, y dduaf; y deg; y decaf. Mae hyn yn wir
am ansoddeiriau yn dechrau â 'rh' ac 'll' y letaf (o ddwy
afon) y rataf (o ddwy sedd).

Hynodion hyn i gyd yn Gymraeg, yw'r cyfnewidiadau
sy'n digwydd i'r cytseniaid (sy'n cael eu caledu) ac i'r
llafariaid – gwlyb – gwlyped – gwleb;　balch – beilchion;
trwm – trom – trymion,　yn ogystal â'r ffurfiau afreolaidd
bach – llai – lleiaf – bychain etc. Hefyd dylid nodi fod
ffurfiau benywaidd ansoddair yn ymddangos yn ddi-
dreglad yn y rhestr hon, ond yn eu ffurfiau wedi'u treiglo
flong; drom; werdd; felen; gron; grom etc. y byddai'r
ffurfiau hyn yn ymddangos mewn testunau ysgrifenedig.

Nodir yn gofnodion annibynnol, y newidiadau sy'n
creu ffurfiau tra gwahanol i ffurf gysefin yr ansoddair,
gan gyfeirio yn ôl at yr ansoddair cysefin. Ni wneir
hynny yn yr achosion lle y byddai'r ffurf wahanol yn
dilyn y ffurf gysefin yn nhrefn yr wyddor.

The layout of the Entries

the adjective

some English equivalents

the feminine form (if there is one)

the plural form (if there is one)

y + the adjective (if it may be used as a noun e.g. the good, the bad and the ugly)

y + the feminine form (if that may be used as a noun – no English equivalent)

y + the plural form(if that may be used as a noun – no English equivalent)

a note to draw attention to the fact that the adjective would normally precede the noun

a note if the adjective is not usually compared

compare the adjective using the cyn, yn, y(r) method (where applicable)

compare the adjective using the mor, mwy, mwyaf method (where applicable)

NB: in using the definite article 'y' before the adjective or before its superlative form in order to create a noun e.g. y du, y duaf; y teg, y tecaf, a corresponding femine form of the noun may be created in the case of consonants which mutate by triggering Treiglad Meddal after 'y' e.g. y ddu, y dduaf; y deg; y decaf. This remains true for adjectives beginning with 'rh' ac 'll' y letaf (o ddwy afon) y rataf (o ddwy sedd), which would not normally mutate following 'y'.

a

abl *capable*
　　yr abl
　　cyn abled; *yn* ablach; *yr* ablaf
　　mor/mwy/mwyaf abl

absennol *absent*
　　yr absennol; yr absenolion
　　Nid yw'n arfer cael ei gymharu.

absoliwt *absolute*
　　yr absoliwt
　　mor/mwy/mwyaf absoliwt

academaidd *academic*
　　yr academaidd
　　mor/mwy/mwyaf academaidd

acennog *accented*
　　yr acennog
　　mor/mwy/mwyaf acennog

achlysurol *occasional*
　　yr achlysurol
　　mor/mwy/mwyaf achlysurol

achubol *saving*
　　yr achubol
　　mor/mwy/mwyaf achubol

adeiladol *constructive*
　　yr adeiladol
　　mor/mwy/mwyaf adeiladol

adfer *remedial*
　　yr adfer
　　Nid yw'n arfer cael ei gymharu.

adfywiol *reviving*
　　yr adfywiol
　　mor/mwy/mwyaf adfywiol

adleisiol *echoing*
   mor/mwy/mwyaf adleisiol

adloniadol *recreational*
   yr adloniadol
   mor/mwy/mwyaf adloniadol

adlynol *adhesive*
   yr adlynol
   mor/mwy/mwyaf adlynol

adnabyddus
   yr adnabyddus
   mor/mwy/mwyaf adnabyddus

adrannol *departmental*
   yr adrannol
   mor/mwy/mwyaf adrannol

adweithiol *reactive*
   yr adweitholion
   mor/mwy/mwyaf adweithiol

addas *appropriate*
   yr addas
   mor/mwy/mwyaf addas

addfwyn *meek*
   yr addfwyn
   cyn addfwyned; *yn* addfwynach; *yr* addfwynaf
   mor/mwy/mwyaf addfwyn

addolgar *devout; adoring*
   yr addolgar
   mor/mwy/mwyaf addolgar

addurnedig *adorned*
   yr addurnedig
   mor/mwy/mwyaf addurnedig

addurniadol *decorative*
   yr addurniadol
   mor/mwy/mwyaf addurniadol

addysgiadol *educational*
　yr addysgiadol
　mor/mwy/mwyaf addysgiadol

aeddfed *mature*
　yr aeddfed
　cyn aeddfeted; *yn* aeddfetach; *yr* aeddfetaf
　mor/mwy/mwyaf aeddfed

aerdynn *airtight*
　cyn aer-dynned; *yn* aer-dynnach; *yr* aer-dynnaf
　mor/mwy/mwyaf aer-dynn

aerobig *aerobic*
　mor/mwy/mwyaf aerobig

afiach *unhealthy*
　yr afiach
　mor/mwy/mwyaf afiach

afieithus *exuberant*
　yr afieithus
　mor/mwy/mwyaf afieithus

aflafar *harsh (sound)*
　yr aflafar
　mor/mwy/mwyaf aflafar

aflan *unclean*
　yr aflan
　mor/mwy/mwyaf aflan

aflednais *coarse (language)*
　yr aflednais
　mor/mwy/mwyaf aflednais

aflêr *untidy*
　yr aflêr
　mor/mwy/mwyaf aflêr

aflonydd *restless*
　yr aflonydd; yr aflonyddion
　cyn aflonydded; *yn* aflonyddach; *yr* aflonyddaf
　mor/mwy/mwyaf aflonydd

afloyw *opaque*
yr afloyw; yr afloywon
cyn afloywed; *yn* afloywach; *yr* afloywaf
mor/mwy/mwyaf afloyw

aflwyddiannus *unsuccessful*
yr aflwyddiannus
mor/mwy/mwyaf aflwyddiannus

aflym *acute*
benywaidd aflem
cyn aflymed; *yn* aflymach; *yr* aflymaf
mor/mwy/mwyaf aflym

aflywodraethus *uncontrollable*
yr aflywodraethus
mor/mwy/mwyaf aflywodraethus

afradlon *prodigal*
lluosog afradloniaid
yr afradlon
cyn afradloned; *yn* afradlonach; *yr* afradlonaf
mor/mwy/mwyaf afradlon

afreal *unreal*
yr afreal
mor/mwy/mwyaf afreal

afreolaidd *irregular*
yr afreolaidd
mor/mwy/mwyaf afreolaidd

afreolus *uncontrollable; unruly*
yr afreolus
mor/mwy/mwyaf afreolus

afresymol *unreasonable*
yr afresymol
mor/mwy/mwyaf afresymol

afrifed *innumerable*
Nid yw'n arfer cael ei gymharu.

afrosgo *ungainly*
yr afrosgo
mor/mwy/mwyaf afrosgo

affwysol *abysmal*
yr affwysol
mor/mwy/mwyaf affwysol

agored *open*
yr agored
mor/mwy/mwyaf agored

agos *near, close*
yr agos
cyn agosed; *yn* agosach; *yr* agosaf
cyn nesed; *yn* nes; *y* nesaf
mor/mwy/mwyaf agos

angenrheidiol *necessary*
yr angenrheidiol
mor/mwy/mwyaf angenrheidiol

angerddol *passionate*
yr angerddol
mor/mwy/mwyaf angerddol

anghelfydd *unskilful*
yr anghelfydd
mor/mwy/mwyaf anghelfydd

anghenus *needy*
yr anghenus
mor/mwy/mwyaf anghenus

angheuol *fatal*
yr angheuol
mor/mwy/mwyaf angheuol

anghlywadwy *inaudible*
yr anghlywadwy
mor/mwy/mwyaf anghlywadwy

anghofiedig *forgotten*
    yr anghofiedig
    mor/mwy/mwyaf anghofiedig

anghofus *forgetful*
    yr anghofus
    mor/mwy/mwyaf anghofus

anghredadwy *incredible*
    yr anghredadwy
    mor/mwy/mwyaf anghredadwy

anghristionogol *unchristian; unchristianlike*
    yr anghristionogol
    mor/mwy/mwyaf anghristionogol

anghwrtais *discourteous*
    yr anghwrtais
    mor/mwy/mwyaf anghwrtais

anghydffurfiol *nonconformist*
    yr anghydffurfiol
    mor/mwy/mwyaf anghydffurfiol

anghyfannedd *uninhabited*
    mor/mwy/mwyaf anghyfannedd

anghyfartal *unequal*
    yr anghyfartal
    mor/mwy/mwyaf anghyfartal

anghyfarwydd *unfamiliar*
    yr anghyfarwydd
    mor/mwy/mwyaf anghyfarwydd

anghyfeb *barren (of animal)*
    yr anghyfeb

anghyfforddus *uncomfortable*
    yr anghyfforddus
    mor/mwy/mwyaf anghyfforddus

anghyffredin *unusual*
    yr anghyffredin
    mor/mwy/mwyaf anghyffredin

anghyfiaith *alien*
    yr anghyfiaith
    mor/mwy/mwyaf anghyfiaith

anghyfiawn *unjust*
    yr anghyfiawn
    mor/mwy/mwyaf anghyfiawn

anghyflawn *incomplete*
    yr anghyflawn
    mor/mwy/mwyaf anghyflawn

anghyfleus *inconvenient*
    yr anghyfleus
    mor/mwy/mwyaf anghyfleus

anghyfreithiol *illegal; unlawful*
    yr anghyfreithiol
    mor/mwy/mwyaf anghyfreithiol

anghyfreithlon *unlawful; illegitimate*
    yr anghyfreithlon
    mor/mwy/mwyaf anghyfreithlon

anghyfrifol *irresponsible*
    yr anghyfrifol
    mor/mwy/mwyaf anghyfrifol

anghymarus *incompatible*
    yr anghymarus
    mor/mwy/mwyaf anghymarus

anghymedrol *immoderate*
    yr anghymedrol
    mor/mwy/mwyaf anghymedrol

anghymeradwy *unacceptable*
    yr anghymeradwy
    mor/mwy/mwyaf anghymeradwy

anghymesur *asymmetrical*
yr anghymesur
mor/mwy/mwyaf anghymesur

anghymharol *incomparable*

anghymwys *unqualified*
yr anghymwys
mor/mwy/mwyaf anghymwys

anghynefin *unfamiliar*
yr anghynefin
mor/mwy/mwyaf anghynefin

anghynnes *cool; cold*
yr anghynnes
mor/mwy/mwyaf anghynnes

anghysbell *remote*
yr anghysbell
mor/mwy/mwyaf anghysbell

anghyson *inconsistent*
yr anghyson
cyn anghysoned; *yn* anghysonach; *yr* anghysonaf
mor/mwy/mwyaf anghyson

anghysurus *uncomfortable*
yr anghysurus
cyn anghysured; *yn* anghysurach; *yr* anghysuraf
mor/mwy/mwyaf anghysurus

anghytbwys *unbalanced*
yr anghytbwys
mor/mwy/mwyaf anghytbwys

anghytûn *at odds*
yr anghytûn
mor/mwy/mwyaf anghytûn

anghywir *incorrect*
yr anghywir
cyn anghywired; *yn* anghywirach; *yr* anghywiraf
mor/mwy/mwyaf anghywir

angladdol *funereal*
mor/mwy/mwyaf angladdol

angylaidd *angelic*
mor/mwy/mwyaf angylaidd

ail *second*
yr ail
Nid yw'n arfer cael ei gymharu.

allan *out*
Nid yw'n arfer cael ei gymharu.

allanol *external*
lluosog allanolion
yr allanol
mwy, mwyaf allanol

allgyrchol *centrifugal*
mor/mwy/mwyaf allgyrchol

allweddol *key; critical*
mor/mwy/mwyaf allweddol

amaethyddol *agricultural*
yr amaethyddol
mor/mwy/mwyaf amaethyddol

amatur: amaturaidd *amateur*
lluosog amaturiaid
mor/mwy/mwyaf amaturaidd

ambell *some; occasional*
(daw o flaen enw)
Nid yw'n arfer cael ei gymharu.

ambr *amber*
yr ambr
mor/mwy/mwyaf ambr

amddifad *orphaned; destitute*
lluosog amddifaid
yr amddifad; yr amddifaid
cyn amddifated; yn amddifatach; yr amddifataf
mor/mwy/mwyaf amddifad

amddiffinadwy *defensible*
yr amddiffinadwy
mor/mwy/mwyaf amddiffinadwy

amffibiaidd *amphibious*
yr amffibaidd
mor/mwy/mwyaf amffibaidd

amgaeëdig *enclosed*
enw yr amgaeëdig
mor/mwy/mwyaf amgaeëdig

amgen *other, alternative*
yn amgenach
Fel arall nid yw'n arfer cael ei gymharu.

amgrwm *convex*
benywaidd amgrom
mor/mwy/mwyaf amgrwm

amharod *unprepared*
yr amharod
cyn amharoted; *yn* amharotach; *yr* amharotaf
mor/mwy/mwyaf amharod

amhendant *indefinite*
yr amhendant
mor/mwy/mwyaf amhendant

amherffaith *imperfect*
yr amherffaith; yr amherffeithion
cyn amherffeithed; *yn* amherffeithach,
    yr amherffeithaf
mor/mwy/mwyaf amherffaith

amhersonol *impersonal*
yr amhersonol
mor/mwy/mwyaf amhersonol

amherthnasol *irrelevant*
yr amherthnasol; yr amherthnasolion
mor/mwy/mwyaf amherthnasol

amheus *doubtful*
    yr amheus
    mor/mwy/mwyaf amheus

amheuthun *rare; tasty; choice*
    yr amheuthun
    mor/mwy/mwyaf amheuthun

amhosibl *impossible*
    yr amhosibl
    mor/mwy/mwyaf amhosibl

amhrisiadwy *beyond price*
    yr amhrisiadwy
    mor/mwy/mwyaf amhrisiadwy

amhrofiadol *inexperienced*
    yr amhrofiadol
    mor/mwy/mwyaf amhrofiadol

amhur *impure*
    yr amhur
    cyn amhured; *yn* amhurach; *yr* amhuraf
    mor/mwy/mwyaf amhur

aml *frequent*
    yr aml
    cyn amled; *yn* amlach; *yr* amlaf
    mor/mwy/mwyaf aml

amlbwrpas *multi-purpose*
    mor/mwy/mwyaf amlbwrpas

amlochrog *many-sided*
    mor/mwy/mwyaf amlochrog

amlwg *obvious*
    yr amlwg
    cyn amlyced; *yn* amlycach; *yr* amlycaf
    mor/mwy/mwyaf amlwg

amrwd *crude; raw*
    yr amrwd
    mor/mwy/mwyaf amrwd

a

amryddawn *versatile*
yr amryddawn
mor/mwy/mwyaf amryddawn

amryfal *various*
(daw o flaen enw)
mor/mwy/mwyaf amryfal

amryliw *multicoloured*
yr amryliw
mor/mwy/mwyaf amryliw

amrywiol *varied*
lluosog amrywiol
yr amrywiol
mor/mwy/mwyaf amrywiol

amserol *timely*
yr amserol
mor/mwy/mwyaf amserol

amwys *ambiguous*
yr amwys
cyn amwysed; *yn* amwysach; *yr* amwysaf
mor/mwy/mwyaf amwys

amyneddgar *patient*
yr amyneddgar
mor/mwy/mwyaf amyneddgar

anabl *disabled*
yr anabl
cyn anabled; *yn* anablach; *yr* anablaf
mor/mwy/mwyaf anabl

anadnabyddus *unknown*
yr anadnabyddus
mor/mwy/mwyaf anadnabyddus

anaddas *unsuitable*
yr anaddas
mor/mwy/mwyaf anaddas

12

anaeddfed *immature; unripe*
 yr anaeddfed
 cyn anaeddfeted; *yn* anaeddfetach; *yr* anaeddfetaf
 mor/mwy/mwyaf anaeddfed

analluog *incapable*
 yr analluog
 cyn analluoced; *yn* analluocach; *yr* analluocaf
 mor/mwy/mwyaf analluog

anamddiffynadwy . *indefensible*
 yr anamddiffynadwy
 mor/mwy/mwyaf anamddiffynadwy

anaml *rare; infrequent*
 yr anaml
 cyn anamled; *yn* anamlach; *yr* anamlaf
 mor/mwy/mwyaf anaml

anamlwg *indistinct*
 yr anamlwg
 cyn anamlyced; *yn* anamlycach; *yr* anamlycaf
 mor/mwy/mwyaf anamlwg

anarferol *unusual*
 yr anarferol
 mor/mwy/mwyaf anarferol

anatomegol *anatomical*
 Nid yw'n arfer cael ei gymharu.

anchwaethus *tasteless*
 yr anchwaethus
 mor/mwy/mwyaf anchwaethus

andwyol *harmful*
 yr andwyol
 mor/mwy/mwyaf andwyol

aneffeithiol *ineffective*
 yr aneffeithiol
 mor/mwy/mwyaf aneffeithiol

aneffeithlon *inefficient*
mor/mwy/mwyaf aneffeithlon

aneglur *unclear*
yr aneglur
cyn aneglured; *yn* aneglurach; *yr* anegluraf
mor/mwy/mwyaf aneglur

aneirif *innumerable*
mor/mwy/mwyaf aneiraf

anenwadol *non-denominational*
yr anenwadol
mor/mwy/mwyaf anenwadol

anenwog *unrenowned*
yr anenwog; yr anenwogion
cyn anenwoced; *yn* anenwocach; *yr* anenwocaf
mor/mwy/mwyaf anenwog

anesboniadwy *inexplicable*
yr anesboniadwy
mor/mwy/mwyaf anesboniadwy

anesmwyth *uneasy*
yr anesmwyth
cyn anesmwythed; *yn* anesmwythach;
    yr anesmwythaf
mor/mwy/mwyaf anesmwyth

anfad *wicked*
yr anfad
cyn anfated; *yn* anfatach; *yr* anfataf
mor/mwy/mwyaf anfad

anfaddeuol *unforgivable*
yr anfaddeuol
mor/mwy/mwyaf anfaddeuol

anfarwol *immortal*
yr anfarwol; yr anfarwolion
mor/mwy/mwyaf anfarwol

anfated: anfatach: anfataf
(gweler **anfad**)

anfedrus *unskilful*
yr anfedrus
cyn anfedrused; *yn* anfedrusach; *yr* anfedrusaf
mor/mwy/mwyaf anfedrus

anfeidrol *infinite*
yr anfeidrol; yr anfeidrolion
mor/mwy/mwyaf anfeidrol

anferth: anferthol *immense*
yr anferthol
cyn anferthed; *yn* anferthach; *yr* anferthaf
mor/mwy/mwyaf anferthol

anfesuradwy *immeasurable*
yr anfesuradwy
mor/mwy/mwyaf anfesuradwy

anfoddhaol *unsatisfactory*
yr anfoddhaol
mor/mwy/mwyaf anfoddhaol

anfodlon *unwilling; dissatisfied*
yr anfodlon
cyn anfodloned; *yn* anfodlonach; *yr* anfodlonaf
mor/mwy/mwyaf anfodlon

anfoesgar *impolite*
yr anfoesgar
mor/mwy/mwyaf anfoesgar

anfoesol *immoral*
yr anfoesol
mor/mwy/mwyaf anfoesol

anfreiniol *underprivileged*
yr anfreiniol
mor/mwy/mwyaf anfreiniol

anfuddiol *useless*
yr anfuddiol
mor/mwy/mwyaf anfuddiol

anfwriadol *unintentional*
yr anfwriadol

anfwytadwy *inedible*
yr anfwytadwy
mor/mwy/mwyaf anfwytadwy

anfynych *infrequent*
yr anfynych
mor/mwy/mwyaf anfynych

anffaeledig *infallible*
yr anffaeledig; yr anffaeledigion
mor/mwy/mwyaf anffaeledig

anffafriol *unfavourable*
yr anffafriol
mor/mwy/mwyaf anffafriol

anffasiynol *unfashionable*
yr anffasiynol
mor/mwy/mwyaf anffasiynol

anffodus *unfortunate*
yr anffodus; yr anffodusion
mor/mwy/mwyaf anffodus

anffurfiol *informal*
yr anffurfiol
mor/mwy/mwyaf anffurfiol

anffyddlon *unfaithful*
yr anffyddlon; yr anffyddloniaid
mor/mwy/mwyaf anffyddlon

anhapus *unhappy*
yr anhapus
cyn anhapused; *yn* anhapusach; *yr* anhapusaf
mor/mwy/mwyaf anhapus

anhawsed: anhawsaf
(gweler **anodd**)

anhepgor *essential*
yr anhepgor
mor/mwy/mwyaf anhepgor

anhraethol *unutterable*
yr anhraethol
mor/mwy/mwyaf anrhaethol

anhrefnus *disorderly*
yr anhrefnus
mor/mwy/mwyaf anhrefnus

anhrugarog *merciless*
yr anhrugarog
mor/mwy/mwyaf anhrugarog

anhrwyddedig *unlicensed*
yr anhrwyddedig
Nid yw'n arfer cael ei gymharu.

anhunanol *unselfish*
yr anhunanol
mor/mwy/mwyaf anhunanol

anhwylus *unwell*
yr anhwylus
mor/mwy/mwyaf anhwylus

anhyblyg *inflexible*
yr anhyblyg
mor/mwy/mwyaf anhyblyg

anhydawdd *insoluble*
yr anhydawdd
mor/mwy/mwyaf anhydawdd

anhyderus *diffident*
yr anhyderus
mor/mwy/mwyaf anhyderus

anhydraidd *impervious*
  yr anhydraidd
  mor/mwy/mwyaf anhydraidd

anhydrin *unmanageable*
  yr anhydrin
  mor/mwy/mwyaf anhydrin

anhyglyw *inaudible*
  yr anhyglyw
  mor/mwy/mwyaf anhyglyw

anhygyrch *inaccessible*
  yr anhygyrch
  mor/mwy/mwyaf anhygyrch

anhylaw *awkward*
  yr anhylaw
  mor/mwy/mwyaf anhylaw

anhysbys *unknown*
  yr anhysbys
  mor/mwy/mwyaf anhysbys

anhywaith *intractable*
  yr anhywaith
  cyn anhyweithed; *yn* anhyweithach; *yr* anhyweithaf
  mor/mwy/mwyaf anhywaith

anial *desolate*
  yr anial
  cyn anialed; *yn* anialach; *yr* anialaf
  mor/mwy/mwyaf anial

anianol *natural*

anlwcus *unlucky*
  yr anlwcus
  mor/mwy/mwyaf anlwcus

anllad *wanton*
  yr anllad
  mor/mwy/mwyaf anllad

anllygredig *pure; undefiled; uncorrupted*
yr anllygredig
mor/mwy/mwyaf anllygredig

anllythrennog *illiterate*
yr anllythrennog
mor/mwy/mwyaf anllythrennog

annaearol *unearthly*
yr annaearol; yr annaearolion
mor/mwy/mwyaf annaearol

annarllenadwy *illegible*
yr annarllenadwy
mor/mwy/mwyaf annarllenadwy

annatod *inextricable*
yr annatod
mor/mwy/mwyaf annatod

annatodadwy *inextricable*
yr annatodadwy
mor/mwy/mwyaf annatodadwy

annaturiol *unnatural*
yr annaturiol
mor/mwy/mwyaf annaturiol

annealladwy *incomprehensible*
yr annealladwy
mor/mwy/mwyaf annealladwy

annedwydd *discontented*
yr annedwydd
cyn annedwydded; *yn* annedwyddach;
yr annedwyddaf
mor/mwy/mwyaf annedwydd

annelwig *vague*
yr annelwig
mor/mwy/mwyaf annelwig

annerbyniol *unacceptable*
    yr annerbyniol
    mor/mwy/mwyaf annerbyniol

annhebyg *unlike*
    yr annhebyg
    cyn annhebyced; *yn* annhebycach; *yr* annhebycaf
    mor/mwy/mwyaf annhebyg

annhebygol *unlikely*
    yr annhebygol
    mor/mwy/mwyaf annhebygol

annheg *unfair*
    yr annheg
    cyn annheced; *yn* annhecach; *yr* annhecaf
    mor/mwy/mwyaf annheg

annheilwng *unworthy*
    yr annheilwng
    cyn annheilynged; *yn* annheilyngach;
      yr annheilyngaf
    mor/mwy/mwyaf annheilwng

annherfynol *infinite*
    yr annherfynol
    mor annherfynol

annheyrngar *disloyal*
    yr annheyrngar
    mor/mwy/mwyaf annheyrngar

anniben *untidy*
    yr anniben
    mor/mwy/mwyaf anniben

annibynnol *independent*
    yr annibynnol
    mor/mwy/mwyaf annibynnol

annichon *impossible*

anniddig *irritable*
yr anniddig
cyn anniddiced; *yn* anniddicach; *yr* anniddicaf
mor/mwy/mwyaf anniddig

anniddorol *uninteresting*
yr anniddorol
mor/mwy/mwyaf anniddorol

anniddos *not providing shelter*
yr anniddos
cyn anniddosed; *yn* anniddosach; *yr* anniddosaf
mor/mwy/mwyaf anniddos

annifyr *disagreeable*
yr annifyr
cyn annifyred; *yn* annifyrach; *yr* annifyraf
mor/mwy/mwyaf annifyr

annigonol *inadequate*
yr annigonol
mor/mwy/mwyaf annigonol

annileadwy *indelible*
yr annileadwy
mor/mwy/mwyaf annileadwy

annilys *invalid*
yr annilys
cyn annilysed; *yn* annilysach; *yr* annilysaf
mor/mwy/mwyaf annilys

annioddefol *unbearable*
yr annioddefol
mor/mwy/mwyaf annioddefol

anniolchgar *ungrateful*
yr anniolchgar
mor/mwy/mwyaf anniolchgar

annisgwyl *unexpected*
yr annisgwyl
mor/mwy/mwyaf annisgwyl

anniwair *unfaithful*
yr anniwair
cyn anniweired; *yn* anniweirach; *yr* anniweiraf
mor/mwy/mwyaf anniwair

annoeth *unwise*
yr annoeth
cyn annoethed; *yn* annoethach; *yr* annoethaf
mor/mwy/mwyaf annoeth

annuwiol *ungodly*
yr annuwiol; yr annuwiolion
mor/mwy/mwyaf annuwiol

annwyl *dear*
yr annwyl; yr anwyliaid
cyn anwyled; *yn* anwylach; *yr* anwylaf
mor/mwy/mwyaf annwyl

annymunol *unpleasant*
yr annymunol
mor/mwy/mwyaf annymunol

annynol *inhuman*
yr annynol
mor/mwy/mwyaf annynol

anobeithiol *hopeless*
yr anobeithiol
mor/mwy/mwyaf anobeithiol

anochel *inevitable*
yr anochel
cyn anocheled; *yn* anochelach; *yr* anochelaf
mor/mwy/mwyaf anochel

anodd *difficult*
yr anodd
cyn anhawsed; *yn* anos; *yr* anhawsaf
cyn anodded, *yn* anoddach; *yr* anoddaf
mor/mwy/mwyaf anodd

anonest *dishonest*
  yr anonest
  mor/mwy/mwyaf anonest

anorchfygol *invincible*
  yr anorchfygol
  mor/mwy/mwyaf anorchfygol

anorffenedig *incomplete*
  yr anorffenedig
  mor/mwy/mwyaf anorffenedig

anorfod *inevitable*
  yr anorfod
  mor/mwy/mwyaf anorfod

anrhydeddus *honourable*
  yr anrhydeddus
  mor/mwy/mwyaf anrhydeddus

ansad *unsteady*
  yr ansad
  mor/mwy/mwyaf ansad

ansefydlog *unsettled*
  yr ansefydlog
  mor/mwy/mwyaf ansefydlog

ansicr *unsure*
  yr ansicr
  cyn ansicred; *yn* ansicrach; *yr* ansicraf
  mor/mwy/mwyaf ansicr

answyddogol *unofficial*
  yr answyddogol
  mor/mwy/mwyaf answyddogol

ansymudol *immovable*
  yr ansymudol
  mor/mwy/mwyaf ansymudol

anturiaethus *adventurous*
  yr anturiaethus
  mor/mwy/mwyaf anturiaethus

anturus *adventurous*
yr anturus
mor/mwy/mwyaf anturus

anufudd *disobedient*
yr anufudd
mor/mwy/mwyaf anufudd

anuniongyrchol *indirect*
yr anuniongyrchol
mor/mwy/mwyaf anuniongyrchol

anwadadwy *undeniable*
yr anwadadwy
mor/mwy/mwyaf anwadadwy

anwadal *fickle*
yr anwadal
mor/mwy/mwyaf anwadal

anwahanadwy *inseparable*
yr anwahanadwy
mor/mwy/mwyaf anwahanadwy

anwar *uncivilised*
yr anwar; yr anwariaid
mor/mwy/mwyaf anwar

anwastad *uneven*
yr anwastad
cyn anwastated; *yn* anwastatach; *yr* anwastataf
mor/mwy/mwyaf anwastad

anweddus *unseemly*
yr anweddus
cyn anweddused; *yn* anweddusach; *yr* anweddusaf
mor/mwy/mwyaf anweddus

anweledig *invisible*
yr anweledig; yr anweledigion
mor/mwy/mwyaf anweledig

anwybodus *ignorant*
    yr anwybodus; yr anwybodusion
    mor/mwy/mwyaf anwybodus

anwydog *full of cold*
    yr anwydog
    mor/mwy/mwyaf anwydog

anwyled: anwylach: anwylaf
    (gweler **annwyl**)

anwyliaid
    (gweler **annwyl**)

anymarferol *impracticable*
    yr anymarferol
    mor/mwy/mwyaf anymarferol

anymwybodol *unconscious*
    yr anymwybodol
    mor/mwy/mwyaf anymwybodol

anynad *peevish*
    mor/mwy/mwyaf anynad

anysbrydoledig *uninspired*
    yr anysbrydoledig
    mor/mwy/mwyaf anysbrydoledig

anystwyth *inflexible*
    yr anystwyth
    cyn anystwythed; *yn* anystwythach; *yr* anystwythaf
    mor/mwy/mwyaf anystwyth

anystyriol *thoughtless*
    yr anystyriol
    mor/mwy/mwyaf anystyriol

anystywallt *intractable, wild*
    yr anystywallt
    mor/mwy/mwyaf anystywallt

araf *slow*
    yr araf
    cyn arafed; *yn* arafach; *yr* arafaf
    mor/mwy/mwyaf araf

araul *sunny*
    yr araul
    mor/mwy/mwyaf araul

arbennig *special, particular*
    yr arbennig
    cyn arbeniced; *yn* arbenicach; *yr* arbenicaf
    mor/mwy/mwyaf arbennig

arbrofol *experimental*
    yr arbrofol
    mor/mwy/mwyaf arbrofol

ardderchog *splendid*
    yr ardderchog
    cyn ardderchoced; *yn* ardderchocach;
      yr ardderchocaf
    mor/mwy/mwyaf ardderchog

arferol *usual*
    yr arferol
    mor/mwy/mwyaf arferol

arfog *armed*
    yr arfog
    mor/mwy/mwyaf arfog

arhosol *lasting*
    yr arhosol
    mor/mwy/mwyaf arhosol

arian *silver*
    yr arian

ariangar *covetous; avaricious*
    yr ariangar
    mor/mwy/mwyaf ariangar

ariannaid/ariannaidd *silvery*
  mor/mwy/mwyaf ariannaidd

ariannog *wealthy*
  yr ariannog
  mor/mwy/mwyaf ariannog

ariannol *monetory*

arloesol *pioneering*
  yr arloesol
  mor/mwy/mwyaf arloesol

arobryn *award-winning*
  yr arobryn
  mor/mwy/mwyaf arobryn

arswydus *frightful*
  yr arswydus
  mor/mwy/mwyaf arswydus

arteithiol *excruciating*
  mor/mwy/mwyaf arteithiol

artistig *artistic*
  yr artistig
  mor/mwy/mwyaf artistig

aruchel *sublime*
  yr aruchel
  mor/mwy/mwyaf aruchel

aruthrol *terrific*
  yr aruthrol
  mor/mwy/mwyaf aruthrol

arwrol *heroic*
  yr arwrol
  mor/mwy/mwyaf arwrol

arwyddocaol *significant*
  yr arwyddocaol
  mor/mwy/mwyaf arwyddocaol

arwynebol *superficial*
    yr arwynebol
    mor/mwy/mwyaf arwynebol

astrus *complex*
    yr astrus
    cyn astrused; *yn* astrusach; *yr* astrusaf
    mor/mwy/mwyaf astrus

astud *diligent; attentive*
    yr astud
    mor/mwy/mwyaf astud

atblygol *reflexive*

atebol *answerable*
    yr atebol
    mor/mwy/mwyaf atebol

ategol *corroborative; supporting*
    yr ategol; yr ategolion

atgas *hateful*
    yr atgas
    cyn atgased; *yn* atgasach; *yr* atgasaf
    mor/mwy/mwyaf atgas

atomig *atomic*

atyniadol *attractive*
    yr atyniadol
    mor/mwy/mwyaf atyniadol

athletaidd *athletic*
    yr athletaidd
    mor/mwy/mwyaf athletaidd

athrist *sorrowful; very sad*
    yr athrist
    cyn athristed; *yn* athristach; *yr* athristaf
    mor/mwy/mwyaf athrist

athrylithgar *of genius*
    yr athrylithgar
    mor/mwy/mwyaf athrylithgar

aur *gold*
    yr aur

awchus *eager; keen*
    yr awchus
    mor/mwy/mwyaf awchus

awdurdodol *authoritative*
    yr awdurdodol
    mor/mwy/mwyaf awdurdodol

awtomatig *automatic*
    yr awtomatig
    mor/mwy/mwyaf awtomatig

awyddus *eager*
    yr awyddus
    mor/mwy/mwyaf awyddus

b

babanaidd *babyish*
    y babanaidd
    mor/mwy/mwyaf babanaidd

bach *small*
    (gweler hefyd **bychan**)
    benywaidd bechan
    y bychan; y fechan
    cyn lleied; *yn* llai; *y* lleiaf
    mor fach

bachgennaidd *boyish*
    mor fachgennaidd; *mwy/mwyaf* bachgennaidd

b

bachog *barbed; penetrating; grabbing*
    y bachog
    mor fachog; *mwy/mwyaf* bachog

balch *proud; glad* (ond nid fel enw)
    lluosog beilch; beilchion
    y balch; y beilchion
    cyn falched; *yn* falchach; *y* balchaf
    mor falch; *mwy/mwyaf* balch

banerog *bannered*
    mor fanerog; *mwy/mwyaf* banerog

barbaraidd *barbarous*
    y barbaraidd
    mor farbaraidd; *mwy/mwyaf* barbaraidd

barddol *bardic*
    y barddol
    mor farddol; *mwy/mwyaf* barddol

barddonol *poetical*
    y barddonol
    mor farddonol; *mwy/mwyaf* barddonol

barfog *bearded*
    y barfog
    mor farfog; *mwy/mwyaf* barfog

barnol *annoying*
    y barnol
    mor farnol; *mwy/mwyaf* barnol

barugog *frosted*
    mor farugog; *mwy/mwyaf* barugog

barus *greedy*
    y barus
    mor farus; *mwy/mwyaf* barus

bas *shallow*
    y bas
    cyn fased; *yn* fasach; *y* basaf
    mor fas; *mwy/mwyaf* bas

bath *minted* (of coins)
Nid yw'n arfer cael ei gymharu.

bawlyd *dirty*
mor fawlyd; *mwy/mwyaf* bawlyd

bechan
ffurf fenywaidd ar **bychan**

Beiblaidd *Biblical*
mor Feiblaidd; *mwy/mwyaf* Beiblaidd

beichiog *pregnant*
y feichiog (unigol); y beichiog (lluosog)
mor feichiog; *mwy/mwyaf* beichiog

beichus *burdensome*
y beichus
mor feichus; *mwy/mwyaf* beichus

beiddgar *daring*
y beiddgar
cyn feiddgared; *yn* feiddgarach; *y* beiddgaraf
mor feiddgar; *mwy/mwyaf* beiddgar

beilchion
(gweler **balch**)

beirniadol *critical*
y beirniadol
mor feirniadol; *mwy/mwyaf* beirniadol

beius *at fault*
y beius
mor feius; *mwy/mwyaf* beius

bendigedig *blessed; worthy; praise; fantastic*
y bendigedig
mor fendigedig; *mwy/mwyaf* bendigedig

bendithiol *beneficent*
y bendithiol
mor fendithiol; *mwy/mwyaf* bendithiol

benthyg *lending*
　lluosog benthycion
　Nid yw'n arfer cael ei gymharu.

benyw *female*
　y fenyw
　Nid yw'n arfer cael ei gymharu.

benywaidd *feminine*
　y fenywaidd
　mor fenywaidd; *mwy/mwyaf* benywaidd

ber
　(gweler **byr**)

berw *boiling*
　y berw
　Nid yw'n arfer cael ei gymharu.

berwedig *boiling*

beunyddiol *daily*
　y beunyddiol
　Nid yw'n arfer cael ei gymharu.

blaen *front*
　y blaen; *y* blaenaf
　mwyaf blaen

blaengar *progressive*
　y blaengar
　mor flaengar; *mwy/mwyaf* blaengar

blaenllaw *prominent*
　y blaenllaw
　mor flaenllaw; *mwy/mwyaf* blaenllaw

blaenorol *previous*
　Nid yw'n arfer cael ei gymharu.

blasus *tasty*
　y blasus
　cyn flasused; *yn* flasusach; *y* blasusaf
　mor flasus; *mwy/mwyaf* blasus

32

blêr *untidy*
    y blêr
    cyn flered; *yn* flerach; *y* bleraf
    mor flêr; *mwy/mwyaf* blêr

blewog *hairy*
    y blewog
    mor flewog; *mwy/mwyaf* blewog

blin *cross*
    y blin
    cyn flined; *yn* flinach; *y* blinaf
    mor flin; *mwy/mwyaf* blin

blinderog *weary*
    y blinderog
    mor flinderog; *mwy/mwyaf* blinderog

blinedig *tired*
    y blinedig
    mor flinedig; *mwy/mwyaf* blinedig

blodeuog *flowery*
    y blodeuog
    mor flodeuog; *mwy/mwyaf* blodeuog

bloesg *hoarse*
    y bloesg
    mor floesg; *mwy/mwyaf* bloesg

blong
    (gweler **blwng**)

blonegog *greasy*
    y blonegog
    mor flonegog; *mwy/mwyaf* blonegog

blwng *surly*
    benywaidd blong
    y blwng
    mor flwng; *mwy/mwyaf* blwng

bochog *full-cheeked*
    y bochog
    mor fochog; *mwy/mwyaf* bochog

bodlon *satisfied*
    y bodlon
    cyn fodloned; *yn* fodlonach; *y* bodlonaf
    mor fodlon; *mwy/mwyaf* bodlon

boddhaol *satisfactory*
    y boddhaol
    mor foddhaol; *mwy/mwyaf* boddhaol

boliog *portly, pot-bellied*
    y boliog
    mor foliog; *mwy/mwyaf* boliog

boneddigaidd *courteous*
    y boneddigaidd
    mor foneddigaidd; *mwy/mwyaf* boneddigaidd

bonheddig *courteous*
    y bonheddig; y boneddigion
    cyn foneddiced; *yn* foneddicach; *y* boneddicaf
    mor fonheddig; *mwy/mwyaf* bonheddig

bore *early*
    y bore
    cyn foreued; *yn* foreuach; *y* boreuaf
    mor fore; *mwy/mwyaf* bore

botymog *buttoned*
    y botymog
    mor fotymog; *mwy/mwyaf* botymog

bradwrus *treacherous*
    y bradwrus
    mor fradwrus; *mwy/mwyaf* bradwrus

braf *fine*
    y braf
    cyn brafied; *yn* brafiach; *y* brafiaf
    mor braf; *mwy/mwyaf* braf

braith
(gweler **brith**)

bras *large; coarse*
y bras; y breision
cyn frased; *yn* frasach; *y* brasaf
mor fras; *mwy/mwyaf* bras

bratiog *tattered*
y bratiog
mor fratiog; *mwy/mwyaf* bratiog

brau *fragile*
y brau
cyn freued; *yn* freuach; *y* breuaf
mor frau; *mwy/mwyaf* brau

brawdol *brotherly*
mor frawdol; *mwy/mwyaf* brawdol

brawychus *terrible*
y brawychus
mor frawychus; *mwy/mwyaf* brawychus

brech
(gweler **brych**)

bregus *brittle*
y bregus
cyn fregused; *yn* fregusach; *y* bregusaf
mor fregus; *mwy/mwyaf* bregus

breiniol *privileged*
y breiniol
mor freiniol; *mwy/mwyaf* breiniol

breision
(gweler **bras**)

brenhinol *regal*
y brenhinol
mor frenhinol; *mwy/mwyaf* brenhinol

breued: breuach: breuaf
    (gweler **brau**)

breuddwydiol *dreamy*
    y breuddwydiol
    mor freuddwydiol; *mwy/mwyaf* breuddwydiol

brith *speckled*
    benywaidd braith
    lluosog brithion
    y brith
    cyn frithed; *yn* frithach; *y* brithaf
    mor frith; *mwy/mwyaf* brith

briwsionllyd *friable*
    y briwsionllyd
    mor friwsionllyd; *mwy/mwyaf* briwsionllyd

broc *grizzled*
    Nid yw'n arfer cael ei gymharu.

brodorol *native*
    y brodorol
    mor frodorol; *mwy/mwyaf* brodorol

bront
    (gweler **brwnt**)

brown *brown*
    lluosog brownion
    cyn frowned; *yn* frownach; *y* brownaf
    mor frown; *mwy/mwyaf* brown

brwd *keen*
    y brwd
    mor frwd; *mwy/mwyaf* brwd

brwdfrydig *enthusiastic*
    y brwdfrydig
    mor frwdfrydig; *mwy/mwyaf* brwdfrydig

brwnt *dirty*
    benywaidd bront
    lluosog bryntion
    y brwnt
    cyn frynted; *yn* fryntach; *y* bryntaf
    mor frwnt; *mwy/mwyaf* brwnt

brwysg *drunk*
    y brwysg
    cyn frwysged; *yn* frwysgach; *y* brwysgaf
    mor frwysg; *mwy/mwyaf* brwysg

brych *speckled*
    benywaidd brech
    y brych; y frech
    cyn fryched; *yn* frychach;
    y brychaf
    mor frych; *mwy/mwyaf* brych

brycheulyd *spotted*
    y brycheulyd
    mor frycheulyd; *mwy/mwyaf* brycheulyd

bryntion
    (gweler **brwnt**)

brysiog *busy*
    y brysiog
    mor frysiog; *mwy/mwyaf* brysiog

buain
    (gweler **buan**)

buan *swift*
    lluosog buain
    y buan; y buain
    cyn fuaned; *yn* fuanach; *y* buanaf
    mor fuan; *mwy/mwyaf* buan

b

budr *dirty*
    lluosog budron
    y budr; y budron
    cyn futred; *yn* futrach; *y* butraf
    mor fudr; *mwy/mwyaf* budr

buddiol *beneficial*
    y buddiol
    mor fuddiol; *mwy/mwyaf* buddiol

buddugol *victorious*
    Nid yw'n arfer cael ei gymharu.

buddugoliaethus *triumphant*
    y buddugoliaethus
    mor fuddugoliaethus; *mwy/mwyaf* buddugoliaethus

busneslyd *nosy*
    y busneslyd
    mor fusneslyd; *mwy/mwyaf* busneslyd

butred: butrach: butraf
    (gweler **budr**)

bwaog *arched*
    y bwaog
    mor fwaog; *mwy/mwyaf* bwaog

bwriadol *intentional*
    y bwriadol
    mor fwriadol; *mwy/mwyaf* bwriadol

bwytadwy *edible*
    y bwytadwy
    mor fwytadwy; *mwy/mwyaf* bwytadwy

bychan *small*
    benywaidd bechan
    lluosog bychain
    y bychan
    cyn lleied; *yn* llai; *y* lleiaf
    mor fychan; *mwy/mwyaf* bychan

bydol *worldly*
    y bydol
    mor fydol; *mwy/mwyaf* bydol

byddar *deaf*
    y byddar; y byddariaid
    cyn fyddared; *yn* fyddarach; *y* byddaraf
    mor fyddar; *mwy/mwyaf* byddar

byddarol *deafening*
    y byddarol
    mor fyddarol; *mwy/mwyaf* byddarol

bygythiol *threatening*
    y bygythiol
    mor fygythiol; *mwy/mwyaf* bygythiol

bylchog *jagged; gapped*
    y bylchog
    mor fylchog; *mwy/mwyaf* bylchog

byr *short*
    benywaidd ber
    lluosog byrion
    y byr
    cyn fyrred; *yn* fyrrach; *y* byrraf
    mor fyr; *mwy/mwyaf* byr

byrbwyll *rash*
    y byrbwyll
    mor fyrbwyll; *mwy/mwyaf* byrbwyll

byrfyfyr *impromptu*
    y byrfyfyr
    mor fyrfyfyr; *mwy/mwyaf* byrfyfyr

byrhoedlog *short-lived*
    y byrhoedlog
    mor fyrhoedlog; *mwy/mwyaf* byrhoedlog

byw *live; alive*
    y byw
    mor fyw; *mwy/mwyaf* byw

bywiog *lively*
   y bywiog
   cyn fywioced; *yn* fywiocach; *y* bywiocaf
   mor fywiog; *mwy/mwyaf* bywiog

C

cableddus *profane*
   y cableddus
   mor gableddus; *mwy/mwyaf* cableddus

caboledig *polished*
   y caboledig
   mor gaboledig; *mwy/mwyaf* caboledig

cadarn *strong*
   y cadarn; y cedyrn
   cyn gadarned; *yn* gadarnach; *y* cadarnaf
   mor gadarn; *mwy/mwyaf* cadarn

cadarnhaol *positive*
   y cadarnhaol
   mor gadarnhaol; *mwy/mwyaf* cadarnhaol

cadeiriol *chaired*
   Nid yw'n arfer cael ei gymharu.

cadwedig *saved*
   y cadwedig
   mor gadwedig; *mwy/mwyaf* cadwedig

caeëdig *closed*
   y caeëdig
   mor gaeëdig; *mwy/mwyaf* caeëdig

caeth *captive*
   lluosog caethion
   y caeth; y caethion
   cyn gaethed; *yn* gaethach; *y* caethaf
   mor gaeth; *mwy/mwyaf* caeth

cain *fine*
    lluosog ceinion
    y cain
    cyn geined; *yn* geinach; *y* ceinaf
    mor gain; *mwy/mwyaf* cain

caled *hard*
    lluosog celyd
    y caled; y celyd
    cyn galeted; *yn* galetach; *y* caletaf
    mor galed; *mwy/mwyaf* caled

calonnog *hearty*
    y calonnog: *y* calenocaf
    mor galonnog; *mwy/mwyaf* calonnog

calonogol *heartening*
    y calonogol
    mor galonogol; *mwy/mwyaf* calonogol

call *sensible*
    y call
    cyn galled; *yn* gallach; *y* callaf
    mor gall; *mwy/mwyaf* call

cam *bent*
    ceimion
    y cam
    cyn gamed; *yn* gamach; *y* camaf
    mor gam; *mwy/mwyaf* cam

camarweiniol *misleading*
    y camarweiniol
    mor gamarweiniol; *mwy/mwyaf* camarweiniol

canadwy *singable*
    y canadwy
    mor ganadwy; *mwy/mwyaf* canadwy

candryll *shattered*
    y candryll
    mor gandryll; *mwy/mwyaf* candryll

caniataol *granted*
   y caniataol
   mor ganiataol; *mwy/mwyaf* caniataol

canmoladwy *commendable*
   y canmoladwy
   mor ganmoladwy; *mwy/mwyaf* canmoladwy

cannaid *shining white*
   y cannaid
   mor gannaid; *mwy/mwyaf* cannaid

canolig *moderate*
   y canolig
   mor ganolig; *mwy/mwyaf* canolig

canolog *central*
   mor ganolog; *mwy/mwyaf* canolog

carbwl *clumsy*
   y carbwl
   mor garbwl; *mwy/mwyaf* carbwl

carcus *careful*
   y carcus
   mor garcus; *mwy/mwyaf* carcus

caredig *kind*
   lluosog caredigion
   y caredig; y caredigion
   cyn garediced; *yn* garedicach; *y* caredicaf
   mor garedig; *mwy/mwyaf* caredig

caregog *stony*
   y caregog
   mor garegog; *mwy/mwyaf* caregog

cariadus *affectionate*
   y cariadus
   mor gariadus; *mwy/mwyaf* cariadus

carlamus *galloing; rash*
   y carlamus
   mor garlamus; *mwy/mwyaf* carlamus

carpiog *ragged*
    y carpiog
    mor garpiog; *mwy/mwyaf* carpiog

cartrefol *homely*
    y cartrefol
    mor gartrefol; *mwy/mwyaf* cartrefol

cas *nasty*
    y cas
    cyn gased; *yn* gasach; *y* casaf
    mor gas; *mwy/mwyaf* cas

cau *hollow*
    y cau
    cyn geued; *yn* geuach; *y* ceuaf
    mor gau; *mwy/mwyaf* cau

castiog *artful*
    y castiog
    mor gastiog; *mwy/mwyaf* castiog

cawraidd *gigantic*
    y cawraidd
    mor gawraidd; *mwy/mwyaf* cawraidd

cecrus *cantankerous*
    y cecrus
    mor gecrus; *mwy/mwyaf* cecrus

cedyrn
    (gweler **cadarn**)

cefnog *wealthy*
    y cefnog
    mor gefnog; *mwy/mwyaf* cefnog

cefnogol *supportive*
    y cefnogol
    mor gefnogol; *mwy/mwyaf* cefnogol

cegog *garrulous*
    y cegog
    mor gegog; *mwy/mwyaf* cegog

cegrwth *gaping; open-mouthed*
    lluosog cegrythion
    y cegrwth
    mor gegrwth; *mwy/mwyaf* cegrwth

ceidwadol *conservative*
    y ceidwadol
    mor geidwadol; *mwy/mwyaf* ceidwadol

ceimion
    (gweler **cam**)

ceined: ceinach: ceinaf
    (gweler **cain**)

ceinciog *knotted*
    y ceinciog
    mor geinciog; *mwy/mwyaf* ceinciog

ceinion
    (gweler **cain**)

cêl *secret*
    y cêl
    mor gêl; *mwy/mwyaf* cêl

celfydd *skilful*
    y celfydd
    mor gelfydd; *mwy/mwyaf* celfydd

celfyddydol *artistic*
    y celfyddydol
    mor gelfyddydol; *mwy/mwyaf* celfyddydol

celwyddog *lying*
    y celwyddog
    mor gelwyddog; *mwy/mwyaf* celwyddog

celyd
    (gweler **caled**)

cellweirus *jocular*
    y cellweirus
    mor gellweirus; *mwy/mwyaf* cellweirus

cenedlaethol *national*
    y cenedlaethol
    mor genedlaethol; *mwy/mwyaf* cenedlaethol

cenfigennus *envious*
    y cenfigennus
    mor genfigennus; *mwy/mwyaf* cenfigennus

cenhadol *missionary*
    y cenhadol
    mor genhadol; *mwy/mwyaf* cenhadol

cennog *scaly*
    y cennog
    mor gennog; *mwy/mwyaf* cennog

cerddorol *musical*
    y cerddorol
    mor gerddorol; *mwy/mwyaf* cerddorol

cerfiedig *carved*
    y cerfiedig
    mor gerfiedig; *mwy/mwyaf* cerfiedig

ceued: ceuach: ceuaf
    (gweler **cau**)

ceugrwm *concave*
    y ceugrwm
    mor geugrwm; *mwy/mwyaf* ceugrwm

ciaidd *brutal*
    y ciaidd
    mor giaidd; *mwy/mwyaf* ciaidd

cibddall *purblind*
    y cibddall
    mor gibddall; *mwy/mwyaf* cibddall

cignoeth *raw; caustic*
    y cignoeth
    mor gignoeth; *mwy/mwyaf* cignoeth

cilagored *ajar*
> Nid yw'n arfer cael ei gymharu.

ciwt *cute*
> y ciwt
> *cyn* giwted; *yn* giwtach; *y* ciwtaf
> *mor* giwt; *mwy/mwyaf* ciwt

claear *tepid*
> y claear
> *mor* glaear; *mwy/mwyaf* claear

claerwyn *radiant; pallid*
> *benywaidd* claerwen
> y claerwyn
> *cyn* glaerwynned; *yn* glaerwynnach;
>   *y* claerwynnaf
> *mor* glaerwyn; *mwy/mwyaf* claerwyn

claf *ill*
> *lluosog* cleifion
> y claf; y cleifion
> Nid yw'n arfer cael ei gymharu.

clapiog *lumpy*
> y clapiog
> *mor* glapiog; *mwy/mwyaf* clapiog

clasurol *classical*
> y clasurol
> *mor* glasurol; *mwy/mwyaf* clasurol

clau: clou – ffurf dafodieithol *quick*
> y clau
> *cyn* gloued; *yn* glouach; *y* clouaf
> *mor* glau: glou; *mwy/mwyaf* clau:clou

cleifion
> (gweler **claf**)

cleiog *clayey*
> y cleiog
> *mor* gleiog; *mwy/mwyaf* cleiog

clên *pleasant*
    y clên
    cyn glened; *yn* glenach; *y* clenaf
    mor glên; *mwy/mwyaf* clên

clerigol *clerical*
    Nid yw'n arfer cael ei gymharu.

clinigol *clinical*
    y clinigol
    mor glinigol; *mwy/mwyaf* clinigol

clir *clear*
    y clir
    cyn glired; *yn* glir(i)ach; *y* clir(i)af
    mor glir; *mwy/mwyaf* clir

clocwedd *clockwise*
    Nid yw'n arfer cael ei gymharu.

clodwiw *laudable*
    y clodwiw
    mor glodwiw; *mwy/mwyaf* clodwiw

cloiedig *locked*
    Nid yw'n arfer cael ei gymharu.

cloff *lame*
    y cloff: y cloffion
    cyn gloffed; *yn* gloffach; *y* cloffaf
    mor gloff; *mwy/mwyaf* cloff

clogyrnaidd *awkward*
    y clogyrnaidd
    mor glogyrnaidd; *mwy/mwyaf* clogyrnaidd

clonc *addled*
    Nid yw'n arfer cael ei gymharu.

clòs *close*
    y clòs
    cyn glosed; *yn* glosach; *y* closaf
    mor glòs; *mwy/mwyaf* clòs

cludadwy *portable*
y cludadwy
mor gludadwy; *mwy/mwyaf* cludadwy

clwc *addled; unwell*
y clwc
mor glwc; *mwy/mwyaf* clwc

clwyfedig *wounded*
lluosog clwyfedigion
mor glwyfedig; *mwy/mwyaf* clwyfedig

clwyfus *wounded*
y clwyfus
mor glwyfus; *mwy/mwyaf* clwyfus

clyd *snug*
y clyd
mor glyd; *mwy/mwyaf* clyd

clyfar: clyfer *clever*
y clyfar
cyn glyfred; *yn* glyfrach; *y* clyfraf
mor glyfar; *mwy/mwyaf* clyfar

clymog *knotted; inficate*
y clymog
mor glymog; *mwy/mwyaf* clymog

clytiog *ragged*
y clytiog
mor glytiog; *mwy/mwyaf* clytiog

clywadwy *audible*
y clywadwy
mor glywadwy *mwy/mwyaf* clywadwy

clyweled *audio-visual*
Nid yw'n arfer cael ei gymharu.

cnawdol *sensual*
y cnawdol
mor gnawdol *mwy/mwyaf* cnawdol

cnotiog *knotted*
    y cnotiog
    mor gnotiog *mwy/mwyaf* cnotiog

coch *red*
    cochion
    y coch; y cochion
    cyn goched; *yn* gochach; *y* cochaf
    mor goch; *mwy/mwyaf* coch

cochddu *russet*
    y cochddu
    mor gochddu; *mwy/mwyaf* cochddu

coeglyd *sarcastic*
    y coeglyd
    mor goeglyd; *mwy/mwyaf* coeglyd

coesgam *bandy*
    y coesgam
    mor goesgam; *mwy/mwyaf* coesgam

coesog *leggy*
    y coesog
    mor goesog; *mwy/mwyaf* coesog

coeth *refined*
    lluosog coethion
    y coeth
    cyn goethed; *yn* goethach; *y* coethaf
    mor goeth; *mwy/mwyaf* coeth

cofiadwy *memorable*
    y cofiadwy
    mor gofiadwy; *mwy/mwyaf* cofiadwy

collddail *deciduous*
    Nid yw'n arfer cael ei gymharu.

colledig *lost*
    lluosog colledigion
    y colledig
    mor golledig; *mwy/mwyaf* colledig

confensiynol *conventional*
   y confensiynol
   mor gonfensiynol; *mwy/mwyaf* confensiynol

conigol *conical*
   y conigol
   mor gonigol; *mwy/mwyaf* conigol

corniog *horned*
   y corniog
   mor gorniog; *mwy/mwyaf* corniog

coronog *crowned*
   Nid yw'n arfer cael ei gymharu.

corsog *marshy*
   y corsog
   mor gorsog; *mwy/mwyaf* corsog

cosmetig *cosmetic*
   y cosmetig
   mor gosmetig; *mwy/mwyaf* cosmetig

cosmig *cosmic*
   Nid yw'n arfer cael ei gymharu.

costus *expensive*
   y costus
   mor gostus; *mwy/mwyaf* costus

cota
   (gweler **cwta**)

crafog *sharp*
   y crafog
   mor grafog; *mwy/mwyaf* crafog

craff *perceptive*
   y craff
   cyn graffed; *yn* graffach; *y* craffaf
   mor graff; *mwy/mwyaf* craff

crai *raw*
   Nid yw'n arfer cael ei gymharu.

C

cramennog *encrusted*
    lluosog cramenogion
    y cramennog
    mor gramennog; *mwy/mwyaf* cramennog

crand *grand*
    cyn grand(i)ed; *yn* grand(i)ach; *y* crand(i)af
    mor grand; *mwy/mwyaf* crand

cras *harsh; baked; coarse; dry*
    lluosog creision
    y cras; y creision
    cyn grased; *yn* grasach; *y* crasaf
    mor gras; *mwy/mwyaf* cras

crasboeth *scorched*
    y crasboeth
    mor grasboeth; *mwy/mwyaf* crasboeth

creadigol *creative*
    y creadigol
    mor greadigol; *mwy/mwyaf* creadigol

crebachlyd *stunted*
    y crebachlyd;
    mor grebachlyd; *mwy/mwyaf* crebachlyd

credadwy *credible*
    y credadwy
    mor gredadwy; *mwy/mwyaf* credadwy

cref
    (gweler **cryf**)

crefyddol *religious*
    y crefyddol
    mor grefyddol; *mwy/mwyaf* crefyddol

creg
    (gweler **cryg**)

creigiog *rocky*
    y creigiog
    mor greigiog; *mwy/mwyaf* creigiog

creision
   (gweler **cras**)

creulon *cruel*
   y creulon
   cyn greuloned; *yn* greulonach; *y* creulonaf
   mor greulon; *mwy/mwyaf* creulon

cribog *crested*
   y cribog
   mor gribog; *mwy/mwyaf* cribog

crimp *crisp*
   cyn grimped; *yn* grimpach; *y* crimpaf
   mor grimp; *mwy/mwyaf* crimp

crin *withered*
   y crin
   cyn grined; *yn* grinach; *y* crinaf
   mor grin; *mwy/mwyaf* crin

cringoch *russet*
   y cringoch
   mor gringoch; *mwy/mwyaf* cringoch

crintachlyd *mean*
   y crintachlyd
   mor grintachlyd; *mwy/mwyaf* crintachlyd

croch *strident*
   y croch
   cyn groched; *yn* grochach; *y* crochaf
   mor groch; *mwy/mwyaf* croch

croendenau *thin-skinned*
   y croendenau
   mor groendenau; *mwy/mwyaf* croendenau

croendew *thick-skinned*
   y croendew
   mor groendew; *mwy/mwyaf* croendew

croenddu *black (dark-skinned)*
y croenddu
mor groenddu; *mwy/mwyaf* croenddu

croes *cross, across, contrary*
y croes
mor groes; *mwy/mwyaf* croes

croesawgar *welcoming*
y croesawgar
mor groesawgar; *mwy/mwyaf* croesawgar

crog *hanging*
Nid yw'n arfer cael ei gymharu.

crom
(gweler **crwm**)

cromatig *chromatic*
y cromatig;
mor gromatig; *mwy/mwyaf* cromatig

cron
(gweler **crwn**)

croyw *pure*
y croyw
cyn groywed; *yn* groywach; *y* croywaf
mor groyw; *mwy/mwyaf* croyw

crwca *bent*
y crwca
mor grwca; *mwy/mwyaf* crwca

crwm *curved*
benywaidd crom
lluosog crymion
y crwm; y crymion
cyn grymed; *yn* grymach; *y* crymaf
mor grwm; *mwy/mwyaf* crwm

crwn *round*
    benywaidd cron
    lluosog crynion
    y crwn; y crynion
    cyn grynned; *yn* grynnach; *y* crynnaf
    mor grwn; *mwy/mwyaf* crwn

crwydrol *wandering*
    y crwydrol
    mor grwydrol; *mwy/mwyaf* crwydrol

crych *crinkled*
    y crych
    cyn gryched
    mor grych; *mwy/mwyaf* crych

crychlyd *frizzly; wrinkled*
    y crychlyd
    mor grychlyd; *mwy/mwyaf* crychlyd

cryf *strong*
    benywaidd cref
    lluosog cryfion
    y cryf; y cryfion
    cyn gryfed; *yn* gryfach; *y* cryfaf
    mor gryf; *mwy/mwyaf* cryf

cryg *hoarse*
    benywaidd creg
    y cryg
    mor gryg; *mwy/mwyaf* cryg

crymion
    (gweler **crwm**)

crynedig *shivery*
    y crynedig
    mor grynedig; *mwy/mwyaf* crynedig

crynion
    (gweler **crwn**)

crynned: crynnach: crynnaf
    (gweler **crwn**)

cryno *compact*
    y cryno
    mor gryno; *mwy/mwyaf* cryno

crynodedig *concentrated*
    y crynodedig
    mor grynodedig; *mwy/mwyaf* crynodedig

cu *beloved*
    y cu
    mor gu; *mwy/mwyaf* cu

cudd *hidden*
    y cudd
    mor gudd; *mwy/mwyaf* cudd

cul *narrow*
    lluosog y culion
    y cul; y culion
    cyn guled; *yn* gulach *y* culaf
    mor gul; *mwy/mwyaf* cul

cun *dear; fine*
    y cun
    mor gun; *mwy/mwyaf* cun

curadwy *malleable*
    y curadwy
    mor guradwy; *mwy/mwyaf* curadwy

cwerylgar *quarrelsome*
    y cwerylgar
    mor gwerylgar; *mwy/mwyaf* cwerylgar

cwmpasog *roundabout*
    y cwmpasog
    mor gwmpasog; *mwy/mwyaf* cwmpasog

cwrtais *courteous*
    y cwrtais
    mor gwrtais; *mwy/mwyaf* cwrtais

cwta *curt; short*
   benywaidd cota
   y cwta
   mor gwta; *mwy/mwyaf* cwta

cwynfanllyd *querulous*
   y cwynfanllyd
   mor gwynfanllyd; *mwy/mwyaf* cwynfanllyd

cybyddlyd *miserly*
   y cybyddlyd
   mor gybyddlyd; *mwy/mwyaf* cybyddlyd

cychwynnol *initial*
   Nid yw'n arfer cael ei gymharu.

cydnabyddedig *recognised*
   y cydnabyddedig
   mor gydnabyddedig; *mwy/mwyaf* cydnabyddedig

cydnaws *compatible*
   y cydnaws
   mor gydnaws; *mwy/mwyaf* cydnaws

cydnerth *strong*
   y cydnerth
   mor gydnerth; *mwy/mwyaf* cydnerth

cydradd *equal*
   lluosog cydraddolion
   Nid yw'n arfer cael ei gymharu.

cydryw *homogeneous*
   Nid yw'n arfer cael ei gymharu.

cydweithredol *cooperative*
   mor gydweithredol; *mwy/mwyaf* cydweithredol

cydwybodol *conscientious*
   y cydwybodol
   mor gydwybodol; *mwy/mwyaf* cydwybodol

cyfagos *adjoining*
   Nid yw'n arfer cael ei gymharu.

cyfan *complete*
   lluosog cyfain
   y cyfan; y cyfain
   mor gyfan; *mwy/mwyaf* cyfan

cyfansawdd *compound*
   lluosog cyfansoddion
   Nid yw'n arfer cael ei gymharu.

cyfansoddiadol *constitutional*
   y cyfansoddiadol
   mor gyfansoddiadol; *mwy/mwyaf* cyfansoddiadol

cyfareddol *enchanting*
   y cyfareddol
   mor gyfareddol; *mwy/mwyaf* cyfareddol

cyfartal *equal*

cyfarwydd *familiar*
   y cyfarwydd
   mor gyfarwydd; *mwy/mwyaf* cyfarwydd

cyfatebol *corresponding*
   Nid yw'n arfer cael ei gymharu.

cyfath *congruent*
   Nid yw'n arfer cael ei gymharu.

cyfeb *pregnant* (am anifail)
   Nid yw'n arfer cael ei gymharu.

cyfeiliornus *erroneous*
   y cyfeiliornus
   mor gyfeiliornus; *mwy/mwyaf* cyfeiliornus

cyfeillgar *friendly*
   y cyfeillgar
   mor gyfeillgar; *mwy/mwyaf* cyfeillgar

cyferbyn *opposite*
   Nid yw'n arfer cael ei gymharu.

cyfiawn *just*
    y cyfiawn
    mor gyfiawn; *mwy/mwyaf* cyfiawn

cyflawn *complete*
    y cyflawn
    mor gyflawn; *mwy/mwyaf* cyflawn

cyfled
    (gweler **llydan**)

cyflenwol *complemented*
    Nid yw'n arfer cael ei gymharu.

cyfleus *convenient*
    y cyfleus
    mor gyfleus; *mor/mwyaf* cyfleus

cyflym *swift*
    y cyflym
    cyn gyflymed; *yn* gyflymach; *y* cyflymaf
    mor gyflym; *mwy/mwyaf* cyflym

cyfnewidiol *variable*
    y cyfnewidiol
    mor gyfnewidiol; *mwy/mwyaf* cyfnewidiol

cyfnodol *periodic*
    lluosog cyfnodolion
    Nid yw'n arfer cael ei gymharu.

cyfochrog *parallel*
    Nid yw'n arfer cael ei gymharu.

cyfoes *contemporary*
    lluosog cyfoedion
    y cyfoes; y cyfoedion
    mor gyfoes; *mwy/mwyaf* cyfoes

cyfoethog *rich*
    lluosog cyfoethogion
    y cyfoethog; y cyfoethogion
    cyn gyfoethoced; *yn* gyfoethocach; *y* cyfoethocaf
    mor gyfoethog; *mwy/mwyaf* cyfoethog

cyfoglyd *sickening*
   y cyfoglyd
   mor gyfoglyd; *mwy/mwyaf* cyfoglyd

cyforiog *teeming*
   Nid yw'n arfer cael ei gymharu.

cyfrannol *proportional*
   Nid yw'n arfer cael ei gymharu.

cyfredol *concurrent*
   y cyfredol
   mor gyfredol; *mwy/mwyaf* cyfredol

cyfreithiol *legal*
   y cyfreithiol
   mor gyfreithiol; *mwy/mwyaf* cyfreithiol

cyfreithlon *legitimate*
   y cyfreithlon
   mor gyfreithlon; *mwy/mwyaf* cyfreithlon

cyfrifol *responsible*
   y cyfrifol
   mor gyfrifol; *mwy/mwyaf* cyfrifol

cyfrin *mystic; secret*
   y cyfrin
   mor gyfrin; *mwy/mwyaf* cyfrin

cyfriniol *mystical*
   y cyfriniol
   mor gyfriniol; *mwy/mwyaf* cyfriniol

cyfrwys *cunning*
   y cyfrwys
   cyn gyfrwysed; *yn* gyfrwysach; *y* cyfrwysaf
   mor gyfrwys; *mwy/mwyaf* cyfrwys

cyfryw *such*
   Nid yw'n arfer cael ei gymharu.

cyfun *comprehensive*
   Nid yw'n arfer cael ei gymharu.

cyfuwch
(gweler **uchel**)

cyfwerth *equivalent*
Nid yw'n arfer cael ei gymharu.

cyfyng *restricted*
lluosog cyfyngion
y cyfyng
cyn gyfynged; *yn* gyfyngach; *y* cyfyngaf
mor gyfyng; *mwy/mwyaf* cyfyng

cyfyngedig *confined*
y cyfyngedig
mor gyfyngedig; *mwy/mwyaf* cyfyngedig

cyfystyr *synonymous*
lluosog cyfystyron
Nid yw'n arfer cael ei gymharu.

cyffelyb *similar*
Nid yw'n arfer cael ei gymharu.

cyfforddus *comfortable*
y cyfforddus
mor gyfforddus; *mwy/mwyaf* cyfforddus

cyffredin *common*
y cyffredin
mor gyffredin; *mwy/mwyaf* cyffredin

cyffredinol *general*
mor gyffredinol; *mwy/mwyaf* cyffredinol

cyffrous *exciting*
y cyffrous
mor gyffrous; *mwy/mwyaf* cyffrous

cyffyrddus *comfortable*
y cyffyrddus
mor gyffyrddus; *mwy/mwyaf* cyffyrddus

cyhoeddus *public*
    y cyhoeddus
    mor gyhoeddus; *mwy/mwyaf* cyhoeddus

cyhyrog *muscular*
    y cyhyrog
    mor gyhyrog; *mwy/mwyaf* cyhyrog

cylchynol *circulating*
    Nid yw'n arfer cael ei gymharu.

cymaint
    (gweler **mawr**)

cymdeithasol *sociable; social*
    y cymdeithasol
    mor gymdeithasol; *mwy/mwyaf* cymdeithasol

cymdogol *neighbourly*
    y cymdogol
    mor gymdogol; *mwy/mwyaf* cymdogol

cymedrol *moderate*
    y cymedrol
    mor gymedrol; *mwy/mwyaf* cymedrol

cymen *neat*
    y cymen
    cyn gymhenned; *yn* gymhennach; *y* cymhennaf
    mor gymen; *mwy/mwyaf* cymen

cymeradwy *acceptable; approved*
    y cymeradwy
    mor gymeradwy; *mwy/mwyaf* cymeradwy

cymesur *symmetrical*
    y cymesur
    mor gymesur; *mwy/mwyaf* cymesur

cymharol *comparative*
    Nid yw'n arfer cael ei gymharu.

C

cymharus *compatible*
   y cymharus
   mor gymharus; *mwy/mwyaf* cymharus

cymhenned: cymhennach: cymhennaf
   (gweler **cymen**)

cymhleth *complicated*
   y cymhleth
   cyn gymhlethed; *yn* gymhlethach; *y* cymhlethaf
   mor gymhleth; *mwy/mwyaf* cymhleth

cymhwysol *applied*
   y cymhwysol
   mor gymhwysol; *mwy/mwyaf* cymhwysol

cymodol *conciliatory*
   y cymodol
   mor gymodol; *mwy/mwyaf* cymodol

Cymreig *Welsh*
   cyn Gymreiced; *yn* Gymreicach; *y* Cymreicaf
   mor Gymreig; *mwy/mwyaf* Cymreig

cymunedol *of the community*
   y cymunedol
   mor gymunedol; *mwy/mwyaf* cymunedol

cymwynasgar *obliging*
   y cymwynasgar
   mor gymwynsgar; *mwy/mwyaf* cymwynasgar

cymwys *qualified*
   y cymwys
   mor gymwys; *mwy/mwyaf* cymwys

cymylog *cloudy*
   y cymylog
   mor gymylog; *mwy/mwyaf* cymylog

cymysg *mixed*
   y cymysg
   mor gymysg; *mwy/mwyaf* cymysg

cymysglyd *confused*
 y cymysglyd
 mor gymysglyd; *mwy/mwyaf* cymysglyd

cynderfynol *penultimate*
 Nid yw'n arfer cael ei gymharu.

cyndyn *stubborn*
 y cyndyn
 mor gyndyn; *mwy/mwyaf* cyndyn

cynddeiriog *rabid*
 cyn gynddeirioced; *yn* gynddeiriocach; *y* cynddeiriocaf
 mor gynddeiriog; *mwy/mwyaf* cynddeiriog

cynddrwg
 (gweler **drwg**)

cynefin *familiar*
 y cynefin
 mor gynefin; *mwy/mwyaf* cynefin

cynffonnog *tailed*
 y cynffonnog
 mor gynffonnog; *mwy/mwyaf* cynffonnog

cynhared: cynharach: cynharaf
 (gweler **cynnar**)

cynhengar *contentious*
 y cynhengar
 mor gynhengar; *mwy/mwyaf* cynhengar

cynhenid *innate*
 y cynhenid
 mor gynhenid; *mwy/mwyaf* cynhenid

cynhennus *cantankerous*
 y cynhennus
 mor gynhennus; *mwy/mwyaf* cynhennus

cynhesed: cynhesach: cynhesaf
 (gweler **cynnes**)

cynhwysfawr *comprehensive*
y cynhwysfawr
mor gynhwysfawr; *mwy/mwyaf* cynhwysfawr

cynhyrchiol *prolific*
y cynhyrchiol
mor gynhyrchiol; *mwy/mwyaf* cynhyrchiol

cynhyrfus *agitated; exciting*
y cynhyrfus
mor gynhyrfus; *mwy/mwyaf* cynhyrfus

cyniled: cynilach: cynilaf
(gweler **cynnil**)

cynnar *early*
y cynnar
cyn gynhared; *yn* gynharach; *y* cynharaf
mor gynnar; *mwy/mwyaf* cynnar

cynnes *warm*
cyn gynhesed; *yn* gynhesach; *y* cynhesaf
mor gynnes; *mwy/mwyaf* cynnes

cynnil *frugal*
lluosog cynilon
y cynnil
cyn gyniled; *yn* gynilach; *y* cynilaf
mor gynnil; *mwy/mwyaf* cynnil

cynted: cynt: cyntaf
(gweler **cyflym**)

cyntefig *primitive*
y cyntefig
mor gyntefig; *mwy/mwyaf* cyntefig

cynwysiedig *included*
Nid yw'n arfer cael ei gymharu.

cynyddol *progressive*
y cynyddol
mor gynyddol; *mwy/mwyaf* cynyddol

cyrliog *curly*
 y cyrliog
 mor gyrliog; *mwy/mwyaf* cyrliog

cysáct *exact; punctilious*
 y cysáct
 mor gysáct; *mwy/mwyaf* cysáct

cysefin *native*
 Nid yw'n arfer cael ei gymharu.

cysegredig *sacred*
 y cysegredig
 mor gysegredig; *mwy/mwyaf* cysegredig

cysetlyd *finicky*
 y cysetlyd
 mor gysetlyd; *mwy/mwyaf* cysetlyd

cysglyd *sleepy*
 y cysglyd
 mor gysglyd; *mwy/mwyaf* cysglyd

cysgodol *sheltered*
 y cysgodol
 mor gysgodol; *mwy/mwyaf* cysgodol

cyson *regular*
 y cyson
 mor gyson; *mwy/mwyaf* cyson

cystadleuol *competitive*
 y cystadleuol
 mor gystadleuol; *mwy/mwyaf* cystadleuol

cystal
 (gweler **da**)

cysurus *comfortable*
 y cysurus
 mor gysurus; *mwy/mwyaf* cysurus

cysylltiedig *connected*
 Nid yw'n arfer cael ei gymharu.

cytbell *equidistant*
Nid yw'n arfer cael ei gymharu.

cytbwys *balanced*
y cytbwys
mor gytbwys; *mwy/mwyaf* cytbwys

cytûn *agreed; in accord*
y cytûn
mor gytûn; *mwy/mwyaf* cytûn

cythreulig *diabolical*
y cythreulig
mor gythreulig; *mwy/mwyaf* cythreulig

cythryblus *turbulent*
y cythryblus
mor gythryblus; *mwy/mwyaf* cythryblus

cywilyddus *disgraceful*
y cywilyddus
mor gywilyddus; *mwy/mwyaf* cywilyddus

cywir *correct*
y cywir
cyn gywired; *yn* gywirach; *y* cywiraf
mor gywir; *mwy/mwyaf* cywir

cywrain *skilful; delicate*
y cywrain
cyn gywreined; *yn* gywreinach; *y* cywreinaf
mor gywrain; *mwy/mwyaf* cywrain

Ch

chwaethus *tasteful*
y chwaethus
mor chwaethus; *mwy/mwyaf* chwaethus

chwâl *scattered*
Nid yw'n arfer cael ei gymharu.

chwannog *eager; covetous; inclined*
y chwannog
mor chwannog; *mwy/mwyaf* chwannog

chwareus *playful*
y chwareus
mor chwareus; *mwy/mwyaf* chwareus

chwedlonol *legendary*
y chwedlonol
mor chwedlonol; *mwy/mwyaf* chwedlonol

chwerthinllyd *laughable*
y chwerthinllyd
mor chwerthinllyd; *mwy/mwyaf* chwerthinllyd

chwerw *bitter*
lluosog chwerwon
y chwerw; y chwerwon
cyn chwerwed; *yn* chwerwach; *y* chwerwaf
mor chwerw; *mwy/mwyaf* chwerw

chwil *reeling; drunk*
y chwil
cyn chwiled; *yn* chwilach; *y* chwilaf
mor chwil; *mwy/mwyaf* chwil

chwilboeth *piping hot*
y chwilboeth
mor chwilboeth; *mwy/mwyaf* chwilboeth

chwilfriw *shattered*
y chwilfriw
mor chwilfriw; *mwy/mwyaf* chwilfriw

chwilfrydig *curious*
 y chwilfrydig
 mor chwilfrydig; *mwy/mwyaf* chwilfrydig

chwim *nimble*
 lluosog chwimion
 y chwim; y chwimon
 cyn chwimed; *yn* chwimach; *y* chwimaf
 mor chwim; *mwy/mwyaf* chwim

chwimwth *swift*
 y chwimwth
 mor chwimwth; *mwy/mwyaf* chwimwth

chwit-chwat *unreliable; fickle*
 y chwit-chwat
 mor chwit-chwat; *mwy/mwyaf* chwit-chwat

chwith *awkward; strange; sad*
 y chwith
 cyn chwithed; *yn* chwithach; *y* chwithaf
 mor chwith; *mwy/mwyaf* chwith

chwithig *awkward; strange*
 y chwithig
 mor chwithig; *mwy/mwyaf* chwithig

chwyddedig *swollen; bombastic*
 y chwyddedig
 mor chwyddedig; *mwy/mwyaf* chwyddedig

chwyldroadol *revolutionary*
 y chwyldroadol
 mor chwyldroadol; *mwy/mwyaf* chwyldroadol

chwyrn *vigorous; harsh*
 y chwyrn
 cyn chwyrned; *yn* chwyrnach; *y* chwyrnaf
 mor chwyrn; *mwy/mwyaf* chwyrn

chwyslyd *sweaty*
 y chwyslyd
 mor chwyslyd; *mwy/mwyaf* chwyslyd

D

da *good*
y da
cystal; gwell; gorau
mor dda

dadansoddol *analytical*
y dadansoddol
mor ddadansoddol; *mwy/mwyaf* dadansoddol

dadleuol *debatable*
y dadleuol
mor ddadleuol; *mwy/mwyaf* dadleuol

daearol *earthly*
lluosog daearolion
Nid yw'n arfer cael ei gymharu.

daearyddol *geographical*
Nid yw'n arfer cael ei gymharu.

dafadennog *covered with warts*
y dafadennog
mor ddafadennog; *mwy/mwyaf* dafadennog

dagreuol *tearful*
y dagreuol
mor ddagreuol; *mwy/mwyaf* dagreuol

dall *blind*
lluosog deillion
y dall; y deillion
cyn ddalled; *yn* ddallach; *y* dallaf
mor ddall; *mwy/mwyaf* dall

damcaniaethol *theoretical*
y damcaniaethol
mor ddamcaniaethol; *mwy/mwyaf* damcaniaethol

damniol *damning*
y damniol
mor ddamniol; *mwy/mwyaf* damniol

d

damweiniol *accidental*
  y damweiniol
  mor ddamweiniol; *mwy/mwyaf* damweiniol

danheddog *serrated*
  y danheddog
  mor ddanheddog; *mwy/mwyaf* danheddog

danteithiol *delicious; ended*
  y danteithiol
  mor ddanteithiol; *mwy/mwyaf* danteithiol

darfodedig *transient*
  y darfodedig
  mor ddarfodedig; *mwy/mwyaf* darfodedig

darluniadol *pictorial*
  y darluniadol
  mor ddarluniadol; *mwy/mwyaf* darluniadol

darllenadwy *readable*
  y darllenadwy
  mor ddarllenadwy; *mwy/mwyaf* darllenadwy

darostyngedig *humble; subject to*
  y darostyngedig
  mor ddarostyngedig; *mwy/mwyaf* darostyngedig

darpar *prospective*
  Nid yw'n arfer cael ei gymharu.

daufiniog *double-edged*
  Nid yw'n arfer cael ei gymharu.

dauwynebog *hypocritical*
  y dauwynebog
  mor ddauwynebog; *mwy/mwyaf* dauwynebog

dawnus *gifted*
  y dawnus
  mor ddawnus; *mwy/mwyaf* dawnus

dealladwy *intelligible*
  y dealladwy
  mor ddealladwy; *mwy/mwyaf* dealladwy

deallus *wise*
    lluosog deallusion
    y deallus; y deallusion
    mor ddeallus; *mwy/mwyaf* deallus

dechreuol *original; initial*
    y dechreuol
    mor ddechreuol; *mwy/mwyaf* dechreuol

dedwydd *blessed*
    y dedwydd
    cyn ddedwydded; *yn* ddedwyddach; *y* dedwyddaf
    mor ddedwydd; *mwy/mwyaf* dedwydd

defnyddiol *useful*
    y defnyddiol
    mor ddefnyddiol; *mwy/mwyaf* defnyddiol

defosiynol *devout*
    y defosiynol
    mor ddefosiynol; *mwy/mwyaf* defosiynol

deheuig *dexterous*
    y deheuig
    mor ddeheuig; *mwy/mwyaf* deheuig

deheuol *southern*
    y deheuol
    mor ddeheuol; *mwy/mwyaf* deheuol

deifiol *scathing; scorching*
    y deifiol
    mor ddeifiol; *mwy/mwyaf* deifiol

deiliog *leafy*
    y deiliog
    mor ddeiliog; *mwy/mwyaf* deiliog

deillion
    (gweler **dall**)

delfrydol *ideal*
    y delfrydol
    mor ddelfrydol; *mwy/mwyaf* delfrydol

democrataidd *democratic*
y democrataidd
mor ddemocrataidd; *mwy/mwyaf* democrataidd

deniadol *attractive*
y deniadol
mor ddeniadol; *mwy/mwyaf* deniadol

dethol *selective; refined*
lluosog detholion
y dethol; y detholion
mor ddethol; *mwy/mwyaf* dethol

dewr *brave*
lluosog dewrion
y dewr; y dewrion
cyn ddewred; *yn* ddewrach; *y* dewraf
mor ddewr; *mwy/mwyaf* dewr

diachos *needless*
y diachos
mor ddiachos; *mwy/mwyaf* diachos

diaddurn *unadorned*
yn dilyn yr un patrwm â **diachos**

diangen *unnecessary*
yn dilyn yr un patrwm â **diachos**

dianghenraid *inessential*
yn dilyn yr un patrwm â **diachos**

dialgar *vengeful*
yn dilyn yr un patrwm â **diachos**

di-alw-amdano *uncalled for*
yn dilyn yr un patrwm â **diachos**

diamcan *aimless*
yn dilyn yr un patrwm â **diachos**

diamheuol *undeniable*
yn dilyn yr un patrwm â **diachos**

diamwys *unambiguous*
yn dilyn yr un patrwm â **diachos**

diamynedd *impatient*
yn dilyn yr un patrwm â **diachos**

dianaf *unhurt*
yn dilyn yr un patrwm â **diachos**

diarffordd *inaccessible*
yn dilyn yr un patrwm â **diachos**

diarhebol *proverbial*
yn dilyn yr un patrwm â **diachos**

diarwybod *unexpected*
yn dilyn yr un patrwm â **diachos**

di-asgwrn-cefn *spineless*
yn dilyn yr un patrwm â **diachos**

diawledig *hellish*
yn dilyn yr un patrwm â **diachos**

di-baid *ceaseless*
yn dilyn yr un patrwm â **diachos**

di-ben-draw *endless*
yn dilyn yr un patrwm â **diachos**

dibetrus *assured*
yn dilyn yr un patrwm â **diachos**

dibris *trivial*
yn dilyn yr un patrwm â **diachos**

dibrofiad *inexperienced*
yn dilyn yr un patrwm â **diachos**

dibwys *trivial*
yn dilyn yr un patrwm â **diachos**

dibynadwy *dependable*
yn dilyn yr un patrwm â **diachos**

dibynnol *dependent*
yn dilyn yr un patrwm â **diachos**

d

diced: dicach: dicaf
(gweler **dig**)

dichellgar *deceitful*
yn dilyn yr un patrwm â **diachos**

di-chwaeth *tasteless*
yn dilyn yr un patrwm â **diachos**

didaro *heedless*
yn dilyn yr un patrwm â **diachos**

dideimlad *numb*
yn dilyn yr un patrwm â **diachos**

diderfyn *infinite*
y diderfyn

di-dor *unbroken*
Nid yw'n arfer cael ei gymharu.

didoreth *feckless*
yn dilyn yr un patrwm â **diachos**

didostur *ruthless*
yn dilyn yr un patrwm â **diachos**

didrafferth *trouble-free*
yn dilyn yr un patrwm â **diachos**

didraidd *opaque*
Nid yw'n arfer cael ei gymharu.

di-drais *non-violent*
Nid yw'n arfer cael ei gymharu.

di-droi'n-ôl *unyielding*
Nid yw'n arfer cael ei gymharu.

didrugaredd *merciless*
yn dilyn yr un patrwm â **diachos**

diduedd *impartial*
yn dilyn yr un patrwm â **diachos**

didwyll *sincere*
 y didwyll
 cyn ddidwylled; *yn* ddidwyllach; *y* didwyllaf
 mor ddidwyll; *mwy/mwyaf* didwyll

di-ddal *unreliable*
 yn dilyn yr un patrwm â **diachos**

diddan *amusing*
 lluosog diddanion
 y diddan; y diddanion
 cyn ddiddaned; *yn* ddiddanach; *y* diddanaf
 mor ddiddan; *mwy/mwyaf* diddan

di-ddawn *untalented*
 yn dilyn yr un patrwm â **diachos**

di-dderbyn-wyneb *impartial; outspoken*
 yn dilyn yr un patrwm â **diachos**

diddig *contented*
 yn dilyn yr un patrwm â **diachos**

diddim *useless*
 yn dilyn yr un patrwm â **diachos**

diddorol *interesting*
 yn dilyn yr un patrwm â **diachos**

diddos *snug*
 yn dilyn yr un patrwm â **diachos**

diddrwg *innocuous*
 yn dilyn yr un patrwm â **diachos**

di-ddweud *taciturn*
 yn dilyn yr un patrwm â **diachos**

diedifar *unrepentant*
 yn dilyn yr un patrwm â **diachos**

dieflig *diabolical*
 yn dilyn yr un patrwm â **diachos**

diegwyddor *unscrupulous*
 yn dilyn yr un patrwm â **diachos**

dieithr *strange*
 lluosog dieithriaid
 y dieithr; y dieithriaid
 cyn ddieithred; *yn* ddieithrach; *y* dieithraf
 mor ddieithr; *mwy/mwyaf* dieithr

dienaid *reckless; lifeless*
 yn dilyn yr un patrwm â **diachos**

dieuog *innocent*
 Nid yw'n arfer cael ei gymharu.

difai *blameless*
 Nid yw'n arfer cael ei gymharu.

difaol *devastating*
 yn dilyn yr un patrwm â **diachos**

difater *indifferent*
 yn dilyn yr un patrwm â **diachos**

difeddwl *thoughtless*
 yn dilyn yr un patrwm â **diachos**

di-fefl *flawless*
 Nid yw'n arfer cael ei gymharu.

diferol *dripping*
 yn dilyn yr un patrwm â **diachos**

di-feth *unfailing*
 Nid yw'n arfer cael ei gymharu.

diflanedig *extinct*
 Nid yw'n arfer cael ei gymharu.

diflas *dull; tedious*
 y diflas
 cyn ddiflased; *yn* ddiflasach; *y* diflasaf
 mor ddiflas; *mwy/mwyaf* diflas

di-flas *tasteless*
  y di-flas
  mor ddi-flas; *mwy/mwyaf* di-flas

di-flewyn-ar-dafod *plain-speaking*
  yn dilyn yr un patrwm â **diachos**

diflino *tireless*
  yn dilyn yr un patrwm â **diachos**

difrif *serious*
  yn dilyn yr un patrwm â **diachos**

difrifol *serious*
  yn dilyn yr un patrwm â **diachos**

difrïol *derogatory*
  yn dilyn yr un patrwm â **diachos**

difrycheulyd *spotless*
  yn dilyn yr un patrwm â **diachos**

di-fudd *futile*
  yn dilyn yr un patrwm â **diachos**

di-fwlch *continuous*
  Nid yw'n arfer cael ei gymharu.

difyfyr *impromptu*
  yn dilyn yr un patrwm â **diachos**

difyr *interesting*
  lluosog difyrion
  y difyr; y difyrion
  cyn ddifyrred; *yn* ddifyrrach; *y* difyrraf
  mor ddifyr; *mwy/mwyaf* difyr

diffaith *desolate*
  y diffaith
  cyn ddiffeithed; *yn* ddiffeithach; *y* diffeithaf
  mor ddiffaith; *mwy/mwyaf* diffaith

di-ffrwt *listless*
  yn dilyn yr un patrwm â **diachos**

77

diffrwyth *futile*
yn dilyn yr un patrwm â **diachos**

diffuant *sincere*
y diffuant
cyn ddiffuanted; *yn* ddiffuantach; *y* diffuantaf
mor ddiffuant; *mwy/mwyaf* diffuant

diffwdan *unfussy*
yn dilyn yr un patrwm â **diachos**

diffygiol *defective*
yn dilyn yr un patrwm â **diachos**

dig *angry*
y dig
cyn ddiced; *yn* ddicach; *y* dicaf
mor ddig; *mwy/mwyaf* dig

digalon *despondent*
yn dilyn yr un patrwm â **diachos**

digamsyniol *unmistakable*
yn dilyn yr un patrwm â **diachos**

digidol *digital*
Nid yw'n arfer cael ei gymharu.

di-glem *inept*
yn dilyn yr un patrwm â **diachos**

di-glod *unpraised*
yn dilyn yr un patrwm â **diachos**

digon *sufficient*
Nid yw'n arfer cael ei gymharu.

digonol *adequate*
Nid yw'n arfer cael ei gymharu.

digrif *amusing*
lluosog digrifion
y digrif; y digrifon
cyn ddigrifed; *yn* ddigrifach; *y* digrifaf
mor ddigrif; *mwy/mwyaf* digrif

digroeso   *unwelcoming*
   yn dilyn yr un patrwm â **diachos**

di-gŵyn   *uncomplaining*
   yn dilyn yr un patrwm â **diachos**

digychwyn   *listless*
   Nid yw'n arfer cael ei gymharu.

digydwybod   *unprincipled*
   yn dilyn yr un patrwm â **diachos**

digyfaddawd   *uncompromising*
   yn dilyn yr un patrwm â **diachos**

digyfeiliant   *unaccompanied (musically)*
   Nid yw'n arfer cael ei gymharu.

digyfnewid   *unchanging*
   Nid yw'n arfer cael ei gymharu.

digyffelyb   *peerless*
   Nid yw'n arfer cael ei gymharu.

digyffro   *tranquil*
   yn dilyn yr un patrwm â **diachos**

digymar   *matchless*
   Nid yw'n arfer cael ei gymharu.

digymell   *spontaneous*
   yn dilyn yr un patrwm â **diachos**

di-Gymraeg   *non-Welsh-speaking*
   Nid yw'n arfer cael ei gymharu.

digymysg   *unalloyed*
   Nid yw'n arfer cael ei gymharu.

digyswllt   *disjointed*
   yn dilyn yr un patrwm â **diachos**

digywilydd   *brazen*
   yn dilyn yr un patrwm â **diachos**

dihafal *incomparable*
Nid yw'n arfer cael ei gymharu.

dihaint *sterile*
Nid yw'n arfer cael ei gymharu.

dihalog *sacrosanct*
yn dilyn yr un patrwm â **diachos**

di-hid *heedless*
yn dilyn yr un patrwm â **diachos**

dihun *awake*
yn dilyn yr un patrwm â **diachos**

di-hwyl *out of sorts*
yn dilyn yr un patrwm â **diachos**

dihysbydd *inexhaustible*
Nid yw'n arfer cael ei gymharu.

di-ildio *unyielding*
yn dilyn yr un patrwm â **diachos**

dileadwy *that may be deleted*
Nid yw'n arfer cael ei gymharu.

diledryw *thoroughbred*
Nid yw'n arfer cael ei gymharu.

di-les *of no benefit*
Nid yw'n arfer cael ei gymharu.

dilestair *unhindered*
Nid yw'n arfer cael ei gymharu.

dilewyrch *lacklustre*
yn dilyn yr un patrwm â **diachos**

di-liw *drab*
yn dilyn yr un patrwm â **diachos**

di-log *interest free*
Nid yw'n arfer cael ei gymharu.

di-lol *unaffected*
yn dilyn yr un patrwm â **diachos**

dilornus *abusive*
yn dilyn yr un patrwm â **diachos**

di-lun *shapeless*
yn dilyn yr un patrwm â **diachos**

di-lwgr *incorruptible*
Nid yw'n arfer cael ei gymharu.

dilychwin *spotless*
yn dilyn yr un patrwm â **diachos**

dilyffethair *unfettered*
yn dilyn yr un patrwm â **diachos**

dilynol *subsequent*
Nid yw'n arfer cael ei gymharu.

dilys *authentic*
y dilys
cyn ddilysed; *yn* ddilysach; *y* dilysaf
mor ddilys; *mwy/mwyaf* dilys

di-nam *blameless*
yn dilyn yr un patrwm â **diachos**

dinesig *civic*
yn dilyn yr un patrwm â **diachos**

dinistriol *destructive*
Nid yw'n arfer cael ei gymharu.

diniwed *innocent*
y diniwed
cyn ddiniweitied; *yn* ddiniweitiach; *y* diniweitiaf
mor ddiniwed; *mwy/mwyaf* diniwed

dinod *insignificant*
y dinod
cyn ddinoted; *yn* ddinotach; *y* dinotaf
mor ddinod; *mwy/mwyaf* dinod

diobaith *without hope*
yn dilyn yr un patrwm â **diachos**

dioddefgar *long-suffering*
yn dilyn yr un patrwm â **diachos**

diolwg *plain*
yn dilyn yr un patrwm â **diachos**

diorffwys *restless*
yn dilyn yr un patrwm â **diachos**

di-os *undoubted*
Nid yw'n arfer cael ei gymharu.

diplomataidd *diplomatic*
yn dilyn yr un patrwm â **diachos**

diraen *unkempt*
yn dilyn yr un patrwm â **diachos**

diragfarn *impartial*
yn dilyn yr un patrwm â **diachos**

dirdynnol *excruciating*
yn dilyn yr un patrwm â **diachos**

direidus *mischievous*
yn dilyn yr un patrwm â **diachos**

direol *disorderly*
yn dilyn yr un patrwm â **diachos**

dirfawr *enormous*
Nid yw'n arfer cael ei gymharu.

dirgel *secret*
lluosog dirgelion
y dirgel; y dirgelion
cyn ddirgeled; *yn* ddirgelach; *y* dirgelaf
mor ddirgel; *mwy/mwyaf* dirgel

diriaethol *concrete*
yn dilyn yr un patrwm â **diachos**

dirifedi *innumerable*
Nid yw'n arfer cael ei gymharu.

dirlawn *saturated*
Nid yw'n arfer cael ei gymharu.

dirmygedig *despised*
yn dilyn yr un patrwm â **diachos**

dirmygus *scornful*
yn dilyn yr un patrwm â **diachos**

dirodres *unassuming*
yn dilyn yr un patrwm â **diachos**

dirwgnach *uncomplaining*
yn dilyn yr un patrwm â **diachos**

di-rwystr *unhindered*
Nid yw'n arfer cael ei gymharu.

dirybudd *sudden*
yn dilyn yr un patrwm â **diachos**

dirym *powerless*
Nid yw'n arfer cael ei gymharu.

dirywiedig *debased*
yn dilyn yr un patrwm â **diachos**

di-sail *groundless*
yn dilyn yr un patrwm â **diachos**

diserch *surly; unendearing*
yn dilyn yr un patrwm â **diachos**

disglair *shining*
y disglair
cyn ddisgleiried; *yn* ddisgleiriach; *y* disgleiriaf
mor ddisglair; *mwy/mwyaf* disglair

disgrifiadol *descriptive*
yn dilyn yr un patrwm â **diachos**

disgwylgar *expectant*
yn dilyn yr un patrwm â **diachos**

disgwyliedig *expected*
yn dilyn yr un patrwm â **diachos**

disgybledig *disciplined*
yn dilyn yr un patrwm â **diachos**

distadl *insignificant*
y distadl
cyn ddistatled; *yn* ddistatlach; *y* distatlaf
mor ddistadl; *mwy/mwyaf* distadl

di-staen *unstained*
yn dilyn yr un patrwm â **diachos**

distaw *quiet*
y distaw
cyn ddistawed; *yn* ddistawach; *y* distawaf
mor ddistaw; *mwy/mwyaf* distaw

distrywiol *destructive*
yn dilyn yr un patrwm â **diachos**

di-stŵr *quiet*
yn dilyn yr un patrwm â **diachos**

distyll *distilled*
Nid yw'n arfer cael ei gymharu.

di-sut *inept*
yn dilyn yr un patrwm â **diachos**

di-swyn *charmless*
yn dilyn yr un patrwm â **diachos**

di-syfl *steadfast*
yn dilyn yr un patrwm â **diachos**

disylw *heedless; inattentive*
yn dilyn yr un patrwm â **diachos**

disymwth *abrupt*
yn dilyn yr un patrwm â **diachos**

disynnwyr *senseless*
yn dilyn yr un patrwm â **diachos**

diurddas *undignified*
yn dilyn yr un patrwm â **diachos**

diwaelod *bottomless*
Nid yw'n arfer cael ei gymharu.

diwahan *inseperable*
Nid yw'n arfer cael ei gymharu.

diwair *chaste*
y diwair
cyn ddiweired; *yn* ddiweirach; *y* diweiraf
mor ddiwair; *mwy/mwyaf* diwair

di-waith *unemployed*
Nid yw'n arfer cael ei gymharu.

diwarafun *ungrudging*
yn dilyn yr un patrwm â **diachos**

di-wardd *unruly*
yn dilyn yr un patrwm â **diachos**

diwastraff *economical*
yn dilyn yr un patrwm â **diachos**

diweddar *late*
y diweddar
yn ddiweddarach; *y* diweddaraf
[Does dim ffurf '*cyn ddiweddared*']
mor ddiweddar; *mwy/mwyaf* diweddar

diweired: diweirach: diweiraf
(gweler **diwair**)

diwerth *worthless*
yn dilyn yr un patrwm â **diachos**

diwethaf *last*
Nid yw'n arfer cael ei gymharu.

di-wg *without a frown*
Nid yw'n arfer cael ei gymharu.

diwinyddol *theological*
yn dilyn yr un patrwm â **diachos**

di-wobr *rewardless*
Nid yw'n arfer cael ei gymharu.

diwyd *diligent*
yn dilyn yr un patrwm â **diachos**

diwydiannol *industrial*
yn dilyn yr un patrwm â **diachos**

diwygiedig *revised*
yn dilyn yr un patrwm â **diachos**

diwylliadol *cultural*
yn dilyn yr un patrwm â **diachos**

diwylliannol *cultural*
yn dilyn yr un patrwm â **diachos**

diwylliedig *cultured*
yn dilyn yr un patrwm â **diachos**

diwyro *direct*
yn dilyn yr un patrwm â **diachos**

diymadferth *helpless*
yn dilyn yr un patrwm â **diachos**

diymdrech *effortless*
yn dilyn yr un patrwm â **diachos**

diymdroi *without delay*
Nid yw'n arfer cael ei gymharu.

diymffrost *unassuming*
yn dilyn yr un patrwm â **diachos**

diymgeledd *uncared for*
yn dilyn yr un patrwm â **diachos**

diymhongar *unpretentious*
yn dilyn yr un patrwm â **diachos**

diymwad *undeniable*
nid yw'n arfer cael ei gymharu

diymwybod *unaware*
yn dilyn yr un patrwm â **diachos**

diysgog *steadfast*
yn dilyn yr un patrwm â **diachos**

diystyr *meaningless*
>   yn dilyn yr un patrwm â **diachos**

diystyriol *inconsiderate*
>   yn dilyn yr un patrwm â **diachos**

diystyrllyd *contemptuous*
>   yn dilyn yr un patrwm â **diachos**

doeth *wise*
>   *lluosog* doethion
>   y doeth; y doethion
>   *cyn* ddoethed; *yn* ddoethach; *y* doethaf
>   *mor* ddoeth; *mwy/mwyaf* doeth

dof *tame*
>   y dof
>   *mor* ddof; *mwy/mwyaf* dof

dofn
>   (gweler **dwfn**)

dolefus *plaintive*
>   y dolefus
>   *mor* ddolefus; *mwy/mwyaf* dolefus

dolennog *meandering*
>   y dolennog
>   *mor* ddolennog; *mwy/mwyaf* dolennog

dolurus *painful*
>   y dolurus
>   *mor* ddolurus; *mwy/mwyaf* dolurus

doniol *amusing*
>   y doniol
>   *cyn* ddonioled; *yn* ddoniolach; *y* doniolaf
>   *mor* ddoniol; *mwy/mwyaf* doniol

drafftiog *draughty*
>   y drafftiog
>   *mor* ddrafftiog; *mwy/mwyaf* drafftiog

dramatig *dramatic*
    y dramatig
    mor ddramatig; *mwy/mwyaf* dramatig

dreng *bitter*
    mor ddreng; *mwy/mwyaf* dreng

dreiniog *thorny*
    y dreiniog
    mor ddreiniog; *mwy/mwyaf* dreiniog

drewllyd *stinking*
    y drewllyd
    mor ddrewllyd; *mwy/mwyaf* drewllyd

drud *expensive*
    lluosog drudion
    y drud; y drudion
    cyn ddruted; *yn* ddrutach; *y* drutaf
    mor ddrud; *mwy/mwyaf* drud

drudfawr *expensive*
    y drudfawr
    mor ddrudfawr; *mwy/mwyaf* drudfawr

drwg *bad*
    y drwg
    cynddrwg; gwaeth; gwaethaf
    mor ddrwg; *mwy/mwyaf* drwg

drwgdybus *suspicious*
    y drwgdybus
    mor ddrwgdybus; *mwy/mwyaf* drwgdybus

drygionus *mischievous*
    y drygionus
    mor ddrygionus; *mwy/mwyaf* drygionus

drylliedig *shattered*
    y drylliedig
    mor ddrylliedig; *mwy/mwyaf* drylliedig

dryslyd *confused*
    y dryslyd
    mor ddryslyd; *mwy/mwyaf* dryslyd

du *black*
    lluosog duon
    y du; y dudon
    cyn ddued; *yn* dduach; *y* duaf
    mor ddu; *mwy/mwyaf* du

dur *steel*
    Nid yw'n arfer cael ei gymharu.

duwiol *devout*
    lluosog duwiolion
    y duwiol
    mor dduwiol; *mwy/mwyaf* duwiol

dwbl *double*
    Nid yw'n arfer cael ei gymharu.

dwfn *deep*
    benywaidd dofn
    lluosog dyfnion
    y dwfn; y dyfnion
    cyn ddyfned; *yn* ddyfnach; *y* dyfnaf
    mor ddwfn; *mwy/mwyaf* dwfn

dwl *silly*
    y dwl
    mor ddwl; *mwy/mwyaf* dwl

dwrglos *watertight*
    Nid yw'n arfer cael ei gymharu.

dwyfol *divine*
    lluosog dwyfolion
    y dwyfol
    mor ddwyfol; *mwy/mwyaf* dwyfol

dwyffordd *dual*
    Nid yw'n arfer cael ei gymharu.

dwyieithog *bilingual*
Nid yw'n arfer cael ei gymharu.

dwyreiniol *eastern*
y dwyreiniol
mor ddwyreiniol; *mwy/mwyaf* dwyreiniol

dwys *intense*
y dwys
cyn ddwysed; *yn* ddwysach; *y* dwysaf
mor ddwys; *mwy/mwyaf* dwys

dybryd *dire*
y dybryd
mor ddybryd; *mwy/mwyaf* dybryd

dycned: dycnach: dycnaf
(gweler **dygn**)

dychanol *satirical*
y dychanol
mor ddychanol; *mwy/mwyaf* dychanol

dychmygol *imaginary*
y dychmygol
mor ddychmygol; *mwy/mwyaf* dychmygol

dychrynllyd *terrible*
y dychrynllyd
mor ddychrynllyd; *mwy/mwyaf* dychrynllyd

dychweledig *returned*
lluosog dychweledigion
Nid yw'n arfer cael ei gymharu.

dyddiedig *dated*
Nid yw'n arfer cael ei gymharu.

dyddiol *daily*
Nid yw'n arfer cael ei gymharu.

dyfal *painstaking*
y dyfal
mor ddyfal; *mwy/mwyaf* dyfal

dyfeisgar *ingenious; inventive*
    y dyfeisgar
    mor ddyfeisgar; *mwy/mwyaf* dyfeisgar

dyfned: dyfnach: dyfnaf
    (gweler **dwfn**)

dyfnion
    (gweler **dwfn**)

dyfrllyd *watery*
    y dyfrllyd
    mor ddyfrllyd; *mwy/mwyaf* dyfrllyd

dygn *diligent*
    y dygn
    cyn ddycned; *yn* ddycnach; *y* dycnaf
    mor ddygn; *mwy/mwyaf* dygn

dyladwy *fitting; due*
    y dyladwy
    mor ddyladwy; *mwy/mwyaf* dyladwy

dylanwadol *influential*
    y dylanwadol
    mor ddylanwadol; *mwy/mwyaf* dylanwadol

dyledus *indebted*
    y dyledus
    mor ddyledus; *mwy/mwyaf* dyledus

dymunol *pleasant*
    y dymunol
    mor ddymunol; *mwy/mwyaf* dymunol

dyngarol *humane*
    y dyngarol
    mor ddyngarol; *mwy/mwyaf* dyngarol

dynol *human*
    y dynol
    mor ddynol; *mwy/mwyaf* dynol

dyrys *perplexing; entangled; complicated*
y dyrus
mor ddyrys; *mwy/mwyaf* dyrys

dysgedig *learned*
y dysgedig
mor ddysgedig; *mwy/mwyaf* dysgedig

dywedwst *taciturn*
y dywedwst
mor ddywedwst; *mwy/mwyaf* dywedwst

eang *broad*
yr eang
cyn ehanged; *yn* ehangach; *yr* ehangaf
mor eang; *mwy/mwyaf* eang

eangfrydig *magnanimous*
yr eangfrydig
mor eangfrydig; *mwy/mwyaf* eangfrydig

ebrwydd *quick*
yr ebrwydd
cyn ebrwydded; *yn* ebrwyddach; *yr* ebrwyddaf
mor ebrwydd; *mwy/mwyaf* ebrwydd

eciwmenaidd *ecumenical*
yr eciwmenaidd
mor eciwmenaidd; *mwy/mwyaf* eciwmenaidd

economaidd *economic*
yr economaidd
mor economaidd; *mwy/mwyaf* economaidd

ecsentrig *eccentric*
yr ecsentrig
mor ecsentrig; *mwy/mwyaf* ecsentrig

echreiddig *eccentric*
    yr echreiddig
    mor echreiddig; *mwy/mwyaf* echreiddig

echrydus *dreadful*
    yr echrydus
    mor echrydus; *mwy/mwyaf* echrydus

edifar *repentant*
    yr edifar
    mor edifar; *mwy/mwyaf* edifar

edifeiriol *repentant*
    yr edifeiriol
    mor edifeiriol; *mwy/mwyaf* edifeiriol

efengylaidd *evangelical*
    yr efengylaidd
    mor efengylaidd; *mwy/mwyaf* efengylaidd

effeithiol *effective*
    yr effeithiol
    mor effeithiol; *mwy/mwyaf* effeithiol

effeithlon *efficient*
    yr effeithlon
    mor effeithlon; *mwy/mwyaf* effeithlon

effro *awake*
    yr effro
    mor effro; *mwy/mwyaf* effro

eglur *clear*
    yr eglur
    cyn eglured; *yn* eglurach; *yr* egluraf
    mor eglur; *mwy/mwyaf* eglur

eglwysig *ecclesiastical*
    yr eglwysig
    mor eglwysig; *mwy/mwyaf* eglwysig

egnïol *vigorous*
    yr egnïol
    mor egnïol; *mwy/mwyaf* egnïol

egr *impudent; sour; rough*
  yr egr
  cyn egred; *yn* egrach; *yr* egraf
  mor egr; *mwy/mwyaf* egr

egwan *infirm; feeble*
  yr egwan
  mor egwan; *mwy/mwyaf* egwan

ehanged: ehangach: ehangaf
  (gweler **eang**)

eiddgar *eager*
  yr eiddgar
  cyn eiddgared; *yn* eiddgarach; *yr* eiddgaraf
  mor eiddgar; *mwy/mwyaf* eiddgar

eiddigeddus *envious*
  yr eiddigeddus
  mor eiddigeddus;
  mwy/mwyaf eiddigeddus

eiddil *frail*
  yr eiddil
  cyn eiddiled; *yn* eiddilach; *yr* eiddilaf
  mor eiddil; *mwy/mwyaf* eiddil

eildwym *reheated*
  Nid yw'n arfer cael ei gymharu.

eiledol *alternating*
  Nid yw'n arfer cael ei gymharu.

eirias *white-hot*
  yr eirias
  cyn eiriased; *yn* eiriasach; *yr* eiriasaf
  mor eirias; *mwy/mwyaf* eirias

eironig *ironic*
  yr eironig
  mor eironig; *mwy/mwyaf* eironig

eithaf *extreme*
    lluosog eithafion
    Nid yw'n arfer cael ei gymharu.

eithafol *excessive*
    yr eithafol
    mor eithafol; *mwy/mwyaf* eithafol

eithriadol *exceptional*
    yr eithriadol
    mor eithriadol; *mwy/mwyaf* eithriadol

electromagnetig *electromagnetic*
    Nid yw'n arfer cael ei gymharu.

electronig *electronic*
    Nid yw'n arfer cael ei gymharu.

elfennol *elementary*
    yr elfennol
    mor elfennol; *mwy/mwyaf* elfennol

elusengar *benevolent*
    yr elusengar
    mor elusengar; *mwy/mwyaf* elusengar

elusennol *charitable*
    Nid yw'n arfer cael ei gymharu.

elwach *wiser*

emosiynol *emotional*
    yr emosiynol
    mor emosiynol; *mwy/mwyaf* emosiynol

enbyd *grievous*
    yr enbyd
    cyn enbyted; *yn* enbytach; *yr* enbytaf
    mor enbyd; *mwy/mwyaf* enbyd

enfawr *immense*
    Nid yw'n arfer cael ei gymharu.

e

enllibus *slanderous*
yr enllibus
mor enllibus; *mwy/mwyaf* enllibus

enwadol *denominational*
yr enwadol
mor enwadol; *mwy/mwyaf* enwadol

enwog *famous*
lluosog enwogion
yr enwog; yr enwogion
cyn enwoced; *yn* enwocach; *yr* enwocaf
mor enwog; *mwy/mwyaf* enwog

eofn *bold*
yr eofn
cyn eofned; *yn* eofnach; *yr* eofnaf
mor eofn; *mwy/mwyaf* eofn

epig *epic*
yr epic
mor epig; *mwy/mwyaf* epig

epileptig *epileptic*
yr epileptig
mor epileptig; *mwy/mwyaf* epileptig

erch *frightful*
yr erch
cyn erched; *yn* erchach; *yr* erchaf
mor erch; *mwy/mwyaf* erch

erchyll *dreadful*
yr erchyll
mor erchyll; *mwy/mwyaf* erchyll

esgeulus *negligent*
yr esgeulus
cyn esgeulused; *yn* esgeulusach; *yr* esgeulusaf
mor esgeulus; *mwy/mwyaf* esgeulus

esgyrnog *bony*
    yr esgyrnog
    mor esgyrnog; *mwy/mwyaf* esgyrnog

esmwyth *smooth*
    yr esmwyth
    cyn esmwythed; *yn* esmwythach; *yr* esmwythaf
    mor esmwyth; *mwy/mwyaf* esmwyth

estron *foreign*
    lluosog estroniaid
    yr estron
    mor estron; *mwy/mwyaf* estron

ethnig *ethnic*
    Nid yw'n arfer cael ei gymharu.

euog *guilty*
    lluosog euogion
    yr euog
    cyn euoced; *yn* euocach; *yr* euocaf
    mor euog; *mwy/mwyaf* euog

euraid *golden*
    yr euraid
    mor euraid; *mwy/mwyaf* euraid

ewyllysgar *desirous; voluntary*
    yr ewyllysgar
    mor ewyllysgar;*mwy/mwyaf* ewyllysgar

ewynnog *foaming; willing*
    yr ewynnog
    mor ewynnog;*mwy/mwyaf* ewynnog

fertigol *vertical*
Nid yw'n arfer cael ei gymharu.

folcanig *volcanic*
y folcanig
mor folcanig; *mwy/mwyaf* folcanig

ff

ffaeledig *feeble*
y ffaeledig
mor ffaeledig; *mwy/mwyaf* ffaeledig

ffafriol *favourable*
y ffafriol
mor ffafriol; *mwy/mwyaf* ffafriol

ffals *false*
lluosog ffalsion
y ffals
cyn ffalsed; *yn* ffalsach; *y* ffalsaf
mor ffals; *mwy/mwyaf* ffals

Ffasgaidd *Fascist*
y Ffasgaidd
mor Ffasgaidd; *mwy/mwyaf* Ffasgaidd

ffasiynol *fashionable*
y ffasiynol
mor ffasiynol; *mwy/mwyaf* ffasiynol

ffederal *federal*
y ffederal
mor ffederal; *mwy/mwyaf* ffederal

ffein *fine*
y ffein
cyn ffeined; *yn* ffeinach; *y* ffeinaf
mor ffein; *mwy/mwyaf* ffein

ffeind *kind*
    y ffeind
    mor ffeind; *mwy/mwyaf* ffeind

ffeithiol *factual*
    y ffeithiol
    mor ffeithiol; *mwy/mwyaf* ffeithiol

ffel *dear*
    y ffel
    mor ffel; *mwy/mwyaf* ffel

ffiaidd *obnoxious*
    y ffiaidd
    cyn ffieiddied; *yn* ffieiddiach; *y* ffieiddiaf
    mor ffiaidd; *mwy/mwyaf* ffiaidd

ffigurol *figurative*
    y ffigurol
    mor ffigurol; *mwy/mwyaf* ffigurol

ffit *fit; cheeky; worthy*
    y ffit
    cyn ffited; *yn* ffitach; *y* ffitaf
    mor ffit; *mwy/mwyaf* ffit

fflat *flat*
    cyn fflated; *yn* fflatach; *y* fflataf
    mor fflat; *mwy/mwyaf* fflat

ffodus *fortunate*
    lluosog ffodusion
    y ffodus; y ffodusion
    mor ffodus; *mwy/mwyaf* ffodus

ffôl *foolish*
    y ffôl
    cyn ffoled; *yn* ffolach; *y* ffolaf
    mor ffôl; *mwy/mwyaf* ffôl

fforchog *forked*
    y fforchog
    mor fforchog; *mwy/mwyaf* fforchog

ffortunus *fortunate*
    y ffortunus
    mor ffortunus; *mwy/mwyaf* ffortunus

ffraeth *witty*
    lluosog ffraethion
    y ffraeth
    cyn ffraethed; *yn* ffraethach; *y* ffraethaf
    mor ffraeth; *mwy/mwyaf* ffraeth

ffres *fresh*
    y ffres
    cyn ffresied; *yn* ffresiach; *y* ffresiaf
    mor ffres; *mwy/mwyaf* ffres

ffroenuchel *haughty*
    y ffroenuchel
    mor ffroenuchel; *mwy/mwyaf* ffroenuchel

ffrwcslyd *confused*
    y ffrwcslyd
    mor ffrwcslyd; *mwy/mwyaf* ffrwcslyd

ffrwydrol *explosive*
    y ffrwydrol
    mor ffrwydrol; *mwy/mwyaf* ffrwydrol

ffrwythlon *fruitful*
    lluosog ffrwydrolion
    y ffrwythlon
    mor ffrwythlon; *mwy/mwyaf* ffrwythlon

ffuantus *hypocritical*
    y ffuantus
    mor ffuantus; *mwy/mwyaf* ffuantus

ffug *false*
    lluosog ffugion
    y ffug
    mor ffug; *mwy/mwyaf* ffug

ffwdanus *fussy*
y ffwdanus
mor ffwdanus; *mwy/mwyaf* ffwdanus

ffwndrus *confused*
y ffwndrus
mor ffwndrus; *mwy/mwyaf* ffwndrus

ffyddiog *confident*
y ffyddiog
mor ffyddiog; *mwy/mwyaf* ffyddiog

ffyddlon *faithful*
lluosog ffyddloniaid
y ffyddlon; y ffyddloniaid
cyn ffyddloned; *yn* ffyddlonach; *y* ffyddlonaf
mor ffyddlon; *mwy/mwyaf* ffyddlon

ffyniannus *prosperous*
y ffyniannus
mor ffyniannus; *mwy/mwyaf* ffyniannus

ffyrnig *fierce*
y ffyrnig
cyn ffyrniced; *yn* ffyrnicach; *y* ffyrnicaf
mor ffyrnig; *mwy/mwyaf* ffyrnig

g

gaeafol *wintry*
mor aeafol; *mwy/mwyaf* gaeafol

gafaelgar *gripping*
yn dilyn yr un patrwm â **gaeafol**

galarus *grieving*
yn dilyn yr un patrwm â **gaeafol**

g

galluog *capable*
　　y galluog
　　cyn alluoced; *yn* alluocach; *y* galluocaf
　　mor alluog; *mwy/mwyaf* galluog

garw *rough*
　　lluosog geirwon; geirw
　　y garw; y geirwon
　　cyn arwed; *yn* arwach; *y* garwaf
　　mor arw; *mwy/mwyaf* garw

gastrig *gastric*
　　Nid yw'n arfer cael ei gymharu.

gau *false*
　　y gau
　　mor gau; *mwy/mwyaf* gau
　　(nid yw'n treiglo)

geiriol *verbal*
　　yn dilyn yr un patrwm â **gaeafol**

geirwon
　　(gweler **garw**)

genedigol *native*
　　Nid yw'n arfer cael ei gymharu.

geometrig *geometric*
　　y geometrig
　　mor geometrig; *mwy/mwyaf* geometrig
　　(nid yw'n treiglo)

gerwin *inclement*
　　y gerwin
　　cyn erwined; *yn* erwinach; *y* gerwinaf
　　mor erwin; *mwy/mwyaf* gerwin

glân *clean*
　　y glân
　　cyn laned; *yn* lanach; *y* glanaf
　　mor lân; *mwy/mwyaf* glân

glandeg *fair*
    y landeg *(os yw'n fenywaidd)*
    mor landeg; *mwy/mwyaf* glandeg

glas *blue; green*
    lluosog gleision
    y glas; y gleision
    cyn lased; *yn* lasach; *y* glasaf
    mor las; *mwy/mwyaf* glas

glastwraidd *insipid*
    y glastwraidd
    cyn lastwreiddied; *yn* lastwreiddiach;
      y glastwreiddiaf
    mor lastwraidd; *mwy/mwyaf* glastwraidd
gleision
    (gweler **glas**)

glew *valiant; astute*
    lluosog glewion
    y glew; y glewion
    cyn lewed; *yn* lewach; *y* glewaf
    mor lew; *mwy/mwyaf* glew

gloyw *shining*
    lluosog gloywon
    y gloyw; y gloywon
    cyn loywed; *yn* loywach; *y* gloywaf
    mor loyw; *mwy/mwyaf* gloyw

gludog *sticky*
    y gludog
    mor gludog; *mwy/mwyaf* gludog

glwys *beautiful*
    lluosog glwysion
    y glwys; y glwysion
    cyn lwysed; *yn* lwysach; *y* glwysaf
    mor lwys; *mwy/mwyaf* glwys

gobeithiol *hopeful*
  y gobeithiol
  mor obeithiol; *mwy/mwyaf* gobeithiol

gochelgar *wary*
  yn dilyn yr un patrwm â **gobeithiol**

godidog *magnificent*
  y godidog
  cyn odidoced; *yn* odidocach; *y* godidocaf
  mor odidog; *mwy/mwyaf* godidog

goddefgar *tolerant*
  yn dilyn yr un patrwm â **gobeithiol**

goddefol *passive*
  yn dilyn yr un patrwm â **gobeithiol**

goddrychol *subjective*
  yn dilyn yr un patrwm â **gobeithiol**

gofalus *careful*
  yn dilyn yr un patrwm â **gobeithiol**

gofidus *sorrowful*
  yn dilyn yr un patrwm â **gobeithiol**

gofynnol *necessary*
  yn dilyn yr un patrwm â **gobeithiol**

gogleddol *northern*
  yn dilyn yr un patrwm â **gobeithiol**

gogleisiol *tickling*
  yn dilyn yr un patrwm â **gobeithiol**

gogoneddus *glorious*
  yn dilyn yr un patrwm â **gobeithiol**

gogynderfynol *pre-penultimate*
  Nid yw'n arfer cael ei gymharu.

gohebol *corresponding*
  Nid yw'n arfer cael ei gymharu.

golau *light*
  y golau
  cyn oleued; *yn* oleuach; *y* goleuaf
  mor olau; *mwy/mwyaf* golau

goleuedig *enlightened*
  yn dilyn yr un patrwm â **gobeithiol**

goludog *rich*
  yn dilyn yr un patrwm â **gobeithiol**

golygus *handsome*
  yn dilyn yr un patrwm â **gobeithiol**

golygyddol *editorial*
  Nid yw'n arfer cael ei gymharu.

gonest *honest*
  yn dilyn yr un patrwm â **gobeithiol**

gorau
  (gweler **da**)

gorawyddus *overeager*
  Nid yw'n arfer cael ei gymharu.

gorberffaith *pluperfect*
  Nid yw'n arfer cael ei gymharu.

gorbryderus *overanxious*
  Nid yw'n arfer cael ei gymharu.

gorchestol *outstanding*
  yn dilyn yr un patrwm â **gobeithiol**

gorchmynnol *imperative*
  yn dilyn yr un patrwm â **gobeithiol**

gorfanwl *nit-picking*
  Nid yw'n arfer cael ei gymharu.

gorfodol *compulsory*
  Nid yw'n arfer cael ei gymharu.

gorfoleddus *jubilant*
  yn dilyn yr un patrwm â **gobeithiol**

gorffenedig *complete*
yn dilyn yr un patrwm â **gobeithiol**

gorffwyll *crazy*
yn dilyn yr un patrwm â **gobeithiol**

gorgymhleth *too-complicated*
Nid yw'n arfer cael ei gymharu.

gorlawn *overflowing*
Nid yw'n arfer cael ei gymharu.

gorllewinol *western*
yn dilyn yr un patrwm â **gobeithiol**

gorllyd *addled*
y gorllyd
mor (g)orllyd; *mwy/mwyaf* gorllyd

gormesol *oppressive*
yn dilyn yr un patrwm â **gobeithiol**

gormod/gormodol *excessive*
Nid yw'n arfer cael ei gymharu.

gorofalus *overcareful*
Nid yw'n arfer cael ei gymharu.

goruchel *supreme*
y goruchel
mor oruchel; *mwy/mwyaf* goruchel

goruwchnaturiol *supernatural*
Nid yw'n arfer cael ei gymharu.

gorweiddiog *bedridden*
yn dilyn yr un patrwm â **goruchel**

gosgeiddig *graceful*
yn dilyn yr un patrwm â **goruchel**

gosod *false*
Nid yw'n arfer cael ei gymharu.

gosodedig *placed; arranged; fixed*
Nid yw'n arfer cael ei gymharu.

gostyngedig *meek*
yn dilyn yr un patrwm â **goruchel**

gostyngol *reduced*
yn dilyn yr un patrwm â **goruchel**

graddedig *graduated*
lluosog graddedigion
yn dilyn yr un patrwm â **goruchel**

graddol *gradual*
yn dilyn yr un patrwm â **goruchel**

graenus *polished*
yn dilyn yr un patrwm â **goruchel**

gramadegol *grammatical*
Nid yw'n arfer cael ei gymharu.

graslon *gracious*
yn dilyn yr un patrwm â **goruchel**

greddfol *instinctive*
yn dilyn yr un patrwm â **goruchel**

gresynus *miserable; pathetic*
yn dilyn yr un patrwm â **goruchel**

grisial/grisialaidd *crystalline*
yn dilyn yr un patrwm â **goruchel**

grymus *powerful*
lluosog grymusion
y grymus
cyn rymused; *yn* rymusach; *y* grymusaf
mor rymus; *mwy/mwyaf* grymus

gwaced: gwacach: gwacaf
(gweler **gwag**)

gwachul *feeble*
yn dilyn yr un patrwm â **goruchel**

gwadadwy *deniable*

gwadd *guest*
Nid yw'n arfer cael ei gymharu.

gwaedlyd *bloody*
yn dilyn yr un patrwm â **goruchel**

gwael[1] *poor*
y gwael
cynddrwg; *yn* waeth; *y* gwaethaf
mor wael; *mwy/mwyaf* gwael

gwael[2] *poorly*
y gwael
cyn waeled; *yn* waelach; *y* gwaelaf
mor wael; *mwy/mwyaf* gwael

gwag *empty*
gweigion
y gwag; y gweigion
cyn waced; *yn* wacach; *y* gwacaf
mor wag; *mwy/mwyaf* gwag

gwaglaw *empty-handed*
Nid yw'n arfer cael ei gymharu.

gwahanadwy *separable*
yn dilyn yr un patrwm â **goruchel**

gwahanglwyfus *leprous*
Nid yw'n arfer cael ei gymharu.

gwahanol *different*
yn dilyn yr un patrwm â **goruchel**

gwaharddedig *forbidden*
yn dilyn yr un patrwm â **goruchel**

gwallgof *insane*
yn dilyn yr un patrwm â **goruchel**

gwalltog *hairy*
yn dilyn yr un patrwm â **goruchel**

gwallus *incorrect; faulty*
yn dilyn yr un patrwm â **goruchel**

gwamal *fickle*
y gwamal
cyn wamaled; *yn* wamalach; *y* gwamalaf
mor wamal; *mwy/mwyaf* gwamal

gwan *weak*
gweiniaid
y gwan; y gweiniaid
cyn wanned; *yn* wannach; *y* gwannaf
mor wan; *mwy/mwyaf* gwan

gwanedig *diluted; unfeebled*
yn dilyn yr un patrwm â **goruchel**

gwan-galon *faint-hearted*
yn dilyn yr un patrwm â **goruchel**

gwanllyd *feeble*
yn dilyn yr un patrwm â **goruchel**

gwantan *fickle*
yn dilyn yr un patrwm â **goruchel**

gwâr *civilized*
y gwâr
cyn wared; *yn* warach; *y* gwaraf
mor wâr; *mwy/mwyaf* gwâr

gwaraidd *civilized*
yn dilyn yr un patrwm â **goruchel**

gwareiddiedig *civilized*
yn dilyn yr un patrwm â **goruchel**

gwargrwm *round-shouldered*
yn dilyn yr un patrwm â **goruchel**

gwarthus *disgraceful*
y gwarthus
mor warthus; *mwy/mwyaf* gwarthus

gwasaidd *servile*
    yn dilyn yr un patrwm â **goruchel**

gwasgaredig *scattered*
    yn dilyn yr un patrwm â **goruchel**

gwastad *level*
    lluosog gwastadion
    y gwastad
    cyn wastated; *yn* wastatach; *y* gwastataf
    mor wastad; *mwy/mwyaf* gwastad

gwastadol *perpetual*
    yn dilyn yr un patrwm â **goruchel**

gwastrafflyd *wasteful*
    yn dilyn yr un patrwm â **goruchel**

gwastraffus *wasteful*
    yn dilyn yr un patrwm â **goruchel**

gwatwarus *derisive*
    yn dilyn yr un patrwm â **goruchel**

gwawdlyd *mocking*
    yn dilyn yr un patrwm â **goruchel**

gweddaidd *seemly*
    yn dilyn yr un patrwm â **goruchel**

gweddol *middling*
    Nid yw'n arfer cael ei gymharu.

gweddus *seemly*
    y gweddus
    cyn weddused; *yn* weddusach; *y* gweddusaf
    mor weddus; *mwy/mwyaf* gweddus

gweddw *widowed*
    lluosog gweddwon
    Nid yw'n arfer cael ei gymharu.

gwefreiddiol *electrifying*
yn dilyn yr un patrwm â **goruchel**

gweigion
(gweler **gwag**)

gweiniaid
(gweler **gwan**)

gweinyddol *administrative*
yn dilyn yr un patrwm â **goruchel**

gweithgar *diligent*
yn dilyn yr un patrwm â **goruchel**

gweithredol *acting*
Nid yw'n arfer cael ei gymharu.

gweladwy *visible*
yn dilyn yr un patrwm â **goruchel**

gweledig *visible*
yn dilyn yr un patrwm â **goruchel**

gweledol *visual*
yn dilyn yr un patrwm â **goruchel**

gwelw *pale*
lluosog gwelwon
y gwelw
cyn welwed; *yn* welwach; *y* gwelwaf
mor welw; *mwy/mwyaf* gwelw

gwell
(gweler **da**)

gwelltog *grassy*
yn dilyn yr un patrwm â **goruchel**

gwen
(gweler **gwyn**)

gwenerol *venereal*
Nid yw'n arfer cael ei gymharu.

gwenfflam *blazing*
    mor wenfflam; *mwy/mwyaf* gwenfflam

gwenwynig *venomous*
    yn dilyn yr un patrwm â **goruchel**

gwenwynllyd *poisonous*
    yn dilyn yr un patrwm â **goruchel**

gweog *webbed*
    yn dilyn yr un patrwm â **goruchel**

gwerdd
    (gweler **gwyrdd**)

gwerin *folk*
    Nid yw'n arfer cael ei gymharu.

gwerinol *common relating to the common people*
    yn dilyn yr un patrwm â **goruchel**

gwerthfawr *valuable*
    yn dilyn yr un patrwm â **goruchel**

gwerthfawrogol *appreciative*
    yn dilyn yr un patrwm â **goruchel**

gwib *swift; sprint*
    Nid yw'n arfer cael ei gymharu.

gwichlyd *squeaky*
    yn dilyn yr un patrwm â **goruchel**

gwinau *auburn*
    yn dilyn yr un patrwm â **goruchel**

gwir *true*
    y gwir
    cyn wired; *yn* wirach; *y* gwiraf
    mor wir; *mwy/mwyaf* gwir

gwirfoddol *voluntary*
    Nid yw'n arfer cael ei gymharu.

gwirion *silly*
   y gwirion
   cyn wirioned; *yn* wirionach; *y* gwirionaf
   mor wirion; *mwy/mwyaf* gwirion

gwirioneddol *real*
   Nid yw'n arfer cael ei gymharu.

gwisgi *nimble*
   yn dilyn yr un patrwm â **goruchel**

gwiw *fine*
   Nid yw'n arfer cael ei gymharu.

gwladaidd *rustic*
   yn dilyn yr un patrwm â **goruchel**

gwladgarol *patriotic*
   yn dilyn yr un patrwm â **goruchel**

gwlanog *woolly*
   yn dilyn yr un patrwm â **goruchel**

gwlatgar *patriotic*
   yn dilyn yr un patrwm â **goruchel**

gwleb
   (gweler **gwlyb**)

gwledig *rural*
   yn dilyn yr un patrwm â **goruchel**

gwleidyddol *political*
   yn dilyn yr un patrwm â **goruchel**

gwlyb *wet*
   benywaidd gwleb
   lluosog gwlybion
   y gwlyb; y gwlybion
   cyn wlyped; *yn* wlypach; *y* gwlypaf
   mor wlyb; *mwy/mwyaf* gwlyb

gwreiddiol *original*
   yn dilyn yr un patrwm â **goruchel**

gwresog *warm*
    y gwresog
    cyn wresoced; *yn* wresocach; *y* gwresocaf
    mor wresog; *mwy/mwyaf* gwresog

gwridog *blushing*
    yn dilyn yr un patrwm â **goruchel**

gwritgoch *florid; ruddy*
    yn dilyn yr un patrwm â **goruchel**

gwrol *brave*
    y gwrol
    cyn wroled; *yn* wrolach; *y* gwrolaf
    mor wrol; *mwy/mwyaf* gwrol

gwrthglocwedd *anticlockwise*
    Nid yw'n arfer cael ei gymharu.

gwrthgyferbyniol *opposite; contrasting*
    Nid yw'n arfer cael ei gymharu.

gwrthodedig *rejected*
    yn dilyn yr un patrwm â **goruchel**

gwrthrychol *objective*
    yn dilyn yr un patrwm â **goruchel**

gwrthryfelgar *insubordinate; rebellious*
    yn dilyn yr un patrwm â **goruchel**

gwrthun *repugnant*
    yn dilyn yr un patrwm â **goruchel**

gwrywaidd *masculine*
    yn dilyn yr un patrwm â **goruchel**

gwybodus *knowledgable*
    lluosog gwybodusion
    y gwybodus; y gwybodusion
    mor wybodus; *mwy/mwyaf* gwybodus

gwybyddus *known*
    Nid yw'n arfer cael ei gymharu.

gwych *superb*
>lluosog* gwychion
>y gwych; y gwychion
>*cyn* wyched; *yn* wychach; *y* gwychaf
>*mor* wych; *mwy/mwyaf* gwych

gwydn *tough*
>y gwydn
>*cyn* wytned; *yn* wytnach; *y* gwytnaf
>*mor* wydn; *mwy/mwyaf* gwydn

gwydrog *glassy*
>Nid yw'n arfer cael ei gymharu.

gwyddonol *scientific*
>yn dilyn yr un patrwm â **goruchel**

gwylaidd *modest*
>yn dilyn yr un patrwm â **goruchel**

gwyliadwrus *alert*
>yn dilyn yr un patrwm â **goruchel**

gwyllt *wild*
>gwylltion
>y gwyllt; y gwylltion
>*mor* wyllt; *mwy/mwyaf* gwyllt

gwyn *white*
>*benywaidd* gwen
>*lluosog* y gwynion
>y gwyn; y gwynion
>*cyn* wynned; *yn* wynnach; *y* gwynnaf
>*mor* wyn; *mwy/mwyaf* gwyn

gwynfydedig *blessed*
>yn dilyn yr un patrwm â **goruchel**

gwynias *white-hot*
>y gwynias
>*mor* wynias; *mwy/mwyaf* gwynias

gwyntog *windy*
yn dilyn yr un patrwm â **goruchel**

gwyrdd *green*
benywaidd gwerdd
lluosog gwyrddion
y gwyrdd; y gwyrddion
cyn wyrdded; *yn* wyrddach; *y* gwyrddaf
mor wyrdd; *mwy/mwyaf* gwyrdd

gwyrddlas *sea-green*
lluosog gwyrddleision
yn dilyn yr un patrwm â **goruchel**

gwyrgam *crooked*
lluosog gwyrgeimion
yn dilyn yr un patrwm â **goruchel**

gwyrthiol *miraculous*
yn dilyn yr un patrwm â **goruchel**

gwyryfol *virgin*
yn dilyn yr un patrwm â **goruchel**

gwytned: gwytnach: gwytnaf
(gweler **gwydn**)

gwyw *withered*
yn dilyn yr un patrwm â **goruchel**

gyddfol *guttural*
yn dilyn yr un patrwm â **goruchel**

h

hacred: hacrach: hacraf
(gweler **hagr**)

haearnaidd *like iron*
yr haearnaidd
cyn haearned; *yn* haearnach; *yr* haearnaf
mor/mwy/mwyaf haearnaidd

haeddiannol *deserving*
yr haeddiannol
mor/mwy/mwyaf haeddiannol

hael *generous*
yr hael
cyn haeled; *yn* haelach; *yr* haelaf
mor/mwy/mwyaf hael

haerllug *arrogant*
yn dilyn yr un patrwm â **haeddiannol**

hafaidd *summery*
yn dilyn yr un patrwm â **haeddiannol**

hafal *equal*
Nid yw'n arfer cael ei gymharu.

hagr *ugly*
yr hagr
cyn hacred; *yn* hacrach; *yr* hacraf
mor/mwy/mwyaf hagr

halogedig *impure*
yr halogedig
mor/mwy/mwyaf halogedig

hallt *salty*
lluosog heilltion
yr hallt
cyn hallted; *yn* halltach; *yr* halltaf
mor/mwy/mwyaf hallt

hamddenol *leisurely*
yn dilyn yr un patrwm â **haeddiannol**

hanfodol *essential*
lluosog hanfodolion
yn dilyn yr un patrwm â **haeddiannol**

haniaethol *abstract*
yn dilyn yr un patrwm â **haeddiannol**

hapus *happy*
yr hapus
cyn hapused; *yn* hapusach; *yr* hapusaf
mor/mwy/mwyaf hapus

hardd *beautiful*
lluosog heirdd; heirddion
yr hardd; yr heirdd
cyn hardded; *yn* harddach; *yr* harddaf
mor/mwy/mwyaf hardd

hastus *hasty*
yn dilyn yr un patrwm â **haeddiannol**

hawdd *easy*
yr hawdd
cyn hawsed; *yn* haws; *yr* hawsaf
mor/mwy/mwyaf hawdd

hawddgar *amiable*
yr hawddgar
cyn hawddgared; *yn* hawddgarach; *yr* hawddgaraf
mor/mwy/mwyaf hawddgar

hedegog *flying*
Nid yw'n arfer cael ei gymharu.

heddychlon *peaceful*
yn dilyn yr un patrwm â **haeddiannol**

heglog *leggy*
yn dilyn yr un patrwm â **haeddiannol**

heilltion
   (gweler **hallt**)

heini *vigorous; agile*
   yn dilyn yr un patrwm â **haeddiannol**

heintus *infectious*
   yn dilyn yr un patrwm â **haeddiannol**

heirdd
   (gweler **hardd**)

helaeth *extensive*
   yr helaeth
   cyn helaethed; *yn* helaethach; *yr* helaethaf
   mor/mwy/mwyaf helaeth

helbulus *troublesome*
   yn dilyn yr un patrwm â **haeddiannol**

hen *old*
   lluosog hynafiaid
   yr hen; yr hynafiaid
   cyn hyned; *yn* hŷn; *yr* hynaf
   mor/mwy/mwyaf hen

henaidd *oldish*
   yn dilyn yr un patrwm â **haeddiannol**

henffasiwn *old-fashioned*
   yn dilyn yr un patrwm â **haeddiannol**

herciog *limping*
   yn dilyn yr un patrwm â **haeddiannol**

herfeiddiol *challenging*
   yn dilyn yr un patrwm â **haeddiannol**

hesb *barren*
   (gweler **hysb**)

heulog *sunny*
   yr heulog
   mor/mwy/mwyaf heulog

hidl *copious*
  yr hidl
  cyn hidled; *yn* hidlach; *yr* hidlaf
  mor/mwy/mwyaf hidl

hiliol *racial; racist*
  yn dilyn yr un patrwm â **haeddiannol**

hir *long*
  lluosog hirion
  yr hir; yr hirion
  cyhyd; *yn* hwy; *yr* hwyaf
  mor/mwy/mwyaf hir

hiraethus *nostalgic*
  yn dilyn yr un patrwm â **haeddiannol**

hirbell *distant*
  Nid yw'n arfer cael ei gymharu.

hirben *shrewd*
  yn dilyn yr un patrwm â **haeddiannol**

hirgrwn *oval*
  benywaidd hirgron
  lluosog hirgrynion
  yr hirgrwn
  Nid yw'n arfer cael ei gymharu.

hirhoedlog *long-lived*
  yn dilyn yr un patrwm â **haeddiannol**

hirwyntog *long-winded*
  yn dilyn yr un patrwm â **haeddiannol**

hirymarhous *long-suffering*
  yn dilyn yr un patrwm â **haeddiannol**

hoenus *vivacious*
  yn dilyn yr un patrwm â **haeddiannol**

hoff *favourite*
  yn dilyn yr un patrwm â **haeddiannol**

hoffus *lovable*
yn dilyn yr un patrwm â **haeddiannol**

holl *all*
yr oll
Nid yw'n arfer cael ei gymharu.

hollalluog *allmighty*
Nid yw'n arfer cael ei gymharu.

holliach *sound; healthy*
yr holliach
Nid yw'n arfer cael ei gymharu.

hollol *entire*
Nid yw'n arfer cael ei gymharu.

hollwybodol *know-all*
yn dilyn yr un patrwm â **haeddiannol**

honedig *alleged*
Nid yw'n arfer cael ei gymharu.

hoyw *gay; sprightly*
lluosog hoywon
yr hoyw; yr hoywon
cyn hoywed; *yn* hoywach; *yr* hoywaf
mor/mwy/mwyaf hoyw

huawdl *eloquent*
yr huawdl
cyn huotled; *yn* huotlach; *yr* huotlaf
mor/mwy/mwyaf huawdl

hud *magic*
Nid yw'n arfer cael ei gymharu.

hudolus *alluring*
yn dilyn yr un patrwm â **haeddiannol**

hunanbwysig *bumptious*
yn dilyn yr un patrwm â **haeddiannol**

hunandosturiol *self-pitying*
yn dilyn yr un patrwm â **haeddiannol**

hunandybus *conceited*
yn dilyn yr un patrwm â **haeddiannol**

hunanfeddiannol *self-possessed*
yn dilyn yr un patrwm â **haeddiannol**

hunangyfiawn *self-righteous*
yn dilyn yr un patrwm â **haeddiannol**

hunangynhaliol *self-supporting*
yn dilyn yr un patrwm â **haeddiannol**

hunanol *selfish*
yn dilyn yr un patrwm â **haeddiannol**

hunanymwybodol *self-conscious*
yn dilyn yr un patrwm â **haeddiannol**

huotled: huotlach: huotlaf
(gweler **huawdl**)

hurt *stupid; foolish*
yr hurt
cyn hurted; *yn* hurtach; *yr* hurtaf
mor/mwy/mwyaf hurt

hwylus *convenient*
yr hwylus
cyn hwylused; *yn* hwylusach; *yr* hwylusaf
mor/mwy/mwyaf hwylus

hwyr *late*
yr hwyr
cyn hwyred; *yn* hwyrach; *yr* hwyraf
mor/mwy/mwyaf hwyr

hwyrfrydig *reluctant*
yn dilyn yr un patrwm â **haeddiannol**

hyf *impudent; bold*
yn dilyn yr un patrwm â **haeddiannol**

hybarch *venerable*
yn dilyn yr un patrwm â **haeddiannol**

hyblyg *flexible*
yr hyblyg
cyn hyblyced; *yn* hyblycach; *yr* hyblycaf
mor/mwy/mwyaf hyblyg

hydawdd *soluble*
yn dilyn yr un patrwm â **haeddiannol**

hyderus *confident*
yn dilyn yr un patrwm â **haeddiannol**

hydraidd *pervious*
yn dilyn yr un patrwm â **haeddiannol**

hydredol *longitudinal*
Nid yw'n arfer cael ei gymharu.

hydrefol *autumnal*
yn dilyn yr un patrwm â **haeddiannol**

hydrin *malleable*
yn dilyn yr un patrwm â **haeddiannol**

hydrolig *hydraulic*
yn dilyn yr un patrwm â **haeddiannol**

hydwyth *resilient; flexible*
yr hydwyth
cyn hydwythed; *yn* hydwythach; *yr* hydwythaf
mor/mwy/mwyaf hydwyth

hyddysg *learned*
yn dilyn yr un patrwm â **haeddiannol**

hyfryd *lovely*
yr hyfryd
cyn hyfryted; *yn* hyfrytach; *yr* hyfrytaf
mor/mwy/mwyaf hyfryd

hyglyw *audible*
yn dilyn yr un patrwm â **haeddiannol**

hygoelus *credulous*
yn dilyn yr un patrwm â **haeddiannol**

hylaw *handy*
yn dilyn yr un patrwm â **haeddiannol**

hylosg *combustible*
yn dilyn yr un patrwm â **haeddiannol**

hyll *ugly*
yr hyll
cyn hylled; *yn* hyllach; *yr* hyllaf
mor/mwy/mwyaf hyll

hynafiaid
(gweler **hen**)

hynafol *ancient*
yn dilyn yr un patrwm â **haeddiannol**

hynaws *genial*
yr hynaws
cyn hynawsed; *yn* hynawsach; *yr* hynawsaf
mor/mwy/mwyaf hynaws

hynod *remarkable*
lluosog hynodion
yr hynod
cyn hynoted; *yn* hynotach; *yr* hynotaf
mor/mwy/mwyaf hynod

hysb *barren*
benywaidd hesb
lluosog hysbion
yr hysb; yr hysbion
mor/mwy/mwyaf hysb

hysbys *known*
yr hysbys
mor/mwy/mwyaf hysbys

hywedd *trained*
yn dilyn yr un patrwm â **haeddiannol**

i

iach *healthy*
    yr iach
    cyn iached; *yn* iachach; *yr* iachaf
    mor/mwy/mwyaf iach

iachus *healthy*
    yr iachus
    cyn iachused; *yn* iachusach; *yr* iachusaf
    mor/mwy/mwyaf iachus

iasoer *chilling*
    yr iasoer
    mor/mwy/mwyaf iasoer

iasol *eerie*
    yn dilyn yr un patrwm â **iasoer**

iawn *right*
    yr iawn
    Nid yw'n arfer cael ei gymharu.

ieuanc *young*
    lluosog ieuainc
    yr ieuanc; yr ieuainc
    cyn ieuenged; *yn* ieuengch; *yr* ieuengaf
    mor/mwy/mwyaf ieuanc

ifanc *young*
    lluosog ifainc
    yr ifanc; yr ifainc
    cyn ifanced; *yn* ifancach; *yr* ifancaf
    mor/mwy/mwyaf ifanc

igam-ogam *zigzag*
    yn dilyn yr un patrwm â **iasoer**

ingol *agonizing*
    yn dilyn yr un patrwm â **iasoer**

imperialaidd *imperialistic*
    yn dilyn yr un patrwm â **iasoer**

j, l

ir *succulent; verdant*
    yr ir
    cyn ired; *yn* irach; *yr* iraf
    mor/mwy/mwyaf ir

iraidd *juicy*
    yn dilyn yr un patrwm â **iasoer**

isel *low*
    yr isel
    cyn ised; *yn* is; *yr* isaf
    mor/mwy/mwyaf isel

iselradd *lowly*
    yn dilyn yr un patrwm â **iasoer**

israddol *inferior*
    yn dilyn yr un patrwm â **iasoer**

j

jocôs *happy-go-lucky; cool; comfortable*
    mor/mwy/mwyaf **jocôs**

l

larts *conceited; swaggering*
    y larts
    cyn lartsied; *yn* lartsiach; *y* lartsiaf
    mor larts; *mwy/mwyaf* larts

lastig *elastic*
    y lastig
    mor/mwy/mwyaf **lastig**

lwcus *lucky*
    yn dilyn yr un patrwm â **lastig**

lysti *hale and hearty; strong build*
    yn dilyn yr un patrwm â **lastig**

ll

llac *slack*
y llac
cyn llaced; *yn* llacach; *y* llacaf
mor/mwy/mwyaf llac

llachar *dazzling*
y llachar
mor/mwy/mwyaf **llachar**

lladradaidd *furtive*
yn dilyn yr un patrwm â **llachar**

llaes *loose; long*
y llaes
cyn llaesed; *yn* llaesach; *y* llaesaf
mor/mwy/mwyaf llaes

llaethog *milky*
yn dilyn yr un patrwm â **llachar**

llafar *vocal*
y llafar
cyn llafared; *yn* llafarach; *y* llafaraf
mor/mwy/mwyaf llafar

llafurus *laborious*
yn dilyn yr un patrwm â **llachar**

llai
(gweler **bach/ychydig**)

llaith *damp*
y llaith
cyn lleithed; *yn* lleithach; *y* lleithaf
mor/mwy/mwyaf llaith

llamsachus *prancing*
yn dilyn yr un patrwm â **llachar**

llanw *explative; extra*
Nid yw'n arfer cael ei gymharu.

llariaidd *benign; gentle*
 y llariaidd
 mor/mwy/mwyaf llariaidd

llarpiog *ragged*
 yn dilyn yr un patrwm â **llachar**

llathraid *shining*
 yn dilyn yr un patrwm â **llachar**

llathraidd *shining*
 yn dilyn yr un patrwm â **llachar**

llawdrwm *hypercritical; heavy-handed*
 yn dilyn yr un patrwm â **llachar**

llawen *happy*
 y llawen
 cyn llawened; *yn* llawenach; *y* llawenaf
 mor/mwy/mwyaf llawen

llawn *full*
 lluosog llawnion
 y llawn; y llawnion
 cyn llawned; *yn* llawnach; *y* llawnaf
 mor/mwy/mwyaf llawn

llechwraidd *furtive*
 yn dilyn yr un patrwm â **llachar**

llednais *modest; meek*
 y llednais
 cyn lledneised; *yn* lledneisach; *y* lledneisaf
 mor/mwy/mwyaf llednais

lledrithiol *illusory*
 yn dilyn yr un patrwm â **llachar**

lleddf *mournful*
 y lleddf
 cyn lleddfed; *yn* lleddfach; *y* lleddfaf
 mor/mwy/mwyaf lleddf

llefn
    (gweler **llyfn**)

llegach *feeble; sickly*
    yn dilyn yr un patrwm â **llachar**

lleiaf
    (gweler **bach**)

lleiafrifol *of a/the minority*
    Nid yw'n arfer cael ei gymharu.

lleidiog *muddy*
    yn dilyn yr un patrwm â **llachar**

lleied
    (gweler **bach**)

lleisiol *vocal*
    Nid yw'n arfer cael ei gymharu.

lleithed: lleithach: lleithaf
    (gweler **llaith**)

llem
    (gweler **llym**)

llengar *literary*
    yn dilyn yr un patrwm â **llachar**

llenyddol *literary*
    yn dilyn yr un patrwm â **llachar**

lleol *local*
    yn dilyn yr un patrwm â **llachar**

llesg *feeble*
    y llesg
    cyn llesged; *yn* llesgach; *y* llesgaf
    mor/mwy/mwyaf llesg

llesmeiriol *entrancing*
    yn dilyn yr un patrwm â **llachar**

llesol *beneficial*
    yn dilyn yr un patrwm â **llachar**

ll

lleted: lletach: lletaf
(gweler **llydan**)

lletchwith *awkward*
yn dilyn yr un patrwm â **llachar**

lletraws *sloping; diagonal*
Nid yw'n arfer cael ei gymharu.

llethol *overpowering*
yn dilyn yr un patrwm â **llachar**

llethrog *steep*
yn dilyn yr un patrwm â **llachar**

llewyrchus *flourishing*
yn dilyn yr un patrwm â **llachar**

lleyg *lay*
Nid yw'n arfer cael ei gymharu.

llidiog: llidus *inflamed*
yn dilyn yr un patrwm â **llachar**

llifyddol *fluid*
Nid yw'n arfer cael ei gymharu.

llilin *streamlined*
y llilin
mor/mwy/mwyaf llilin

lliniarol *soothing*
yn dilyn yr un patrwm â **llachar**

llinynnol *stringed*
Nid yw'n arfer cael ei gymharu.

llipa *limp*
y llipa
cyn lliped; *yn* llipach; *y* llipaf
mor/mwy/mwyaf llipa

llithrig *slippery*
yn dilyn yr un patrwm â **llachar**

lliw *coloured*
Nid yw'n arfer cael ei gymharu.

lliwgar *colourful*
yn dilyn yr un patrwm â **llachar**

lloerig *mad*
yn dilyn yr un patrwm â **llachar**

llofr
(gweler **llwfr**)

llom
(gweler **llwm**)

llon *happy*
y llon
cyn llonned; *yn* llonnach; *y* llonnaf
mor/mwy/mwyaf llon

llonydd *still*
y llonydd
cyn llonydded; *yn* llonyddach; *y* llonyddaf
mor/mwy/mwyaf llonydd

llorwedd *horizontal*
Nid yw'n arfer cael ei gymharu.

llosg *burning*
Nid yw'n arfer cael ei gymharu.

llosgadwy *combustible*
yn dilyn yr un patrwm â **llachar**

lluddedig *weary*
yn dilyn yr un patrwm â **llachar**

llugoer *tepid*
yn dilyn yr un patrwm â **llachar**

lluniaidd *shapely*
yn dilyn yr un patrwm â **llachar**

lluosflwydd *perennial*
Nid yw'n arfer cael ei gymharu.

lluosill *multisyllabic*
Nid yw'n arfer cael ei gymharu.

lluosog *numerous*
 lluosog lluosogion

llusg *dragged*
 Nid yw'n arfer cael ei gymharu.

llwfr *cowardly*
 benywaidd llofr
 y llwfr
 cyn llwfred; *yn* llwfrach; *y* llwfraf
 mor/mwy/mwyaf llwfr

llwglyd *hungry*
 yn dilyn yr un patrwm â **llachar**

llwgr *corrupt*
 yn dilyn yr un patrwm â **llachar**

llwm *poor*
 benywaidd llom
 lluosog llymion
 y llwm; y llymion
 cyn llymed; *yn* llymach; *y* llymaf
 mor/mwy/mwyaf llwm

llwyd *grey*
 lluosog llwydion
 y llwyd; y llwydion
 cyn llwyted; *yn* llwytach; *y* llwytaf
 mor/mwy/mwyaf llwyd

llwydaidd *greyish*
 yn dilyn yr un patrwm â **llachar**

llwyddiannus *successful*
 yn dilyn yr un patrwm â **llachar**

llwyr *complete*
 yn dilyn yr un patrwm â **llachar**

llwythog *laden*
 yn dilyn yr un patrwm â **llachar**

llychlyd *dusty*
    yn dilyn yr un patrwm â **llachar**

llydan *wide*
    lluosog llydain
    y llydan
    cyn lleted; *yn* lletach; *y* lletaf
    mor/mwy/mwyaf llydan

llyfn *smooth*
    benywaidd llefn
    lluosog llyfnion
    y llyfn; y llyfnion
    cyn llyfned; *yn* llyfnach; *y* llyfnaf
    mor/mwy/mwyaf llyfn

llygatgam *cross-eyed*
    yn dilyn yr un patrwm â **llachar**

llygredig *corrupt*
    yn dilyn yr un patrwm â **llachar**

llym *sharp*
    benywaidd llem
    lluosog llymion
    y llym; y llymion
    cyn llymed; *yn* llymach; *y* llymaf
    mor/mwy/mwyaf llym

llymion
    (gweler **llwm** a **llym**)

llythrennog *literate*
    yn dilyn yr un patrwm â **llachar**

llythrennol *literal*
    yn dilyn yr un patrwm â **llachar**

llywaeth *tame*
    yn dilyn yr un patrwm â **llachar**

llywodraethol *governing*
    Nid yw'n arfer cael ei gymharu.

maddeugar *forgiving*
    y maddeugar
    mor faddeugar; *mwy/mwyaf* maddeugar

maethlon *nourishing*
    yn dilyn yr un patrwm â **maddeugar**

magnetig *magnetic*
    yn dilyn yr un patrwm â **maddeugar**

main *thin*
    lluosog meinion
    y main; y meinion
    cyn feined; *yn* feinach; *y* meinaf
    mor fain; *mwy/mwyaf* main

maith *interminable*
    lluosog meithion
    y maith; y meithion
    cyn feithed; *yn* feithach; *y* meithaf
    mor faith; *mwy/mwyaf* maith

maleisus *spiteful*
    yn dilyn yr un patrwm â **maddeugar**

mall *putrid*
    yn dilyn yr un patrwm â **maddeugar**

mân *small; fine*
    lluosog manion
    y mân; y manion
    cyn faned; *yn* fanach; *y* manaf
    mor fân; *mwy/mwyaf* mân

manteisiol *advantageous*
    yn dilyn yr un patrwm â **maddeugar**

manwl *detailed*
    lluosog manylion
    y manwl; y manylion
    cyn fanyled; *yn* fanylach; *y* manylaf
    mor fanwl; *mwy/mwyaf* manwl

marw *dead*
    lluosog meirw; meirwon
    y marw; y meirw/meirwon
    cyn farwed
    mor farw

marwaidd *lifeless*
    yn dilyn yr un patrwm â **maddeugar**

marwol *deadly*
    yn dilyn yr un patrwm â **maddeugar**

masnachol *commercial*
    yn dilyn yr un patrwm â **maddeugar**

masweddus *ribald*
    yn dilyn yr un patrwm â **maddeugar**

materol *materialistic*
    yn dilyn yr un patrwm â **maddeugar**

mawr *large*
    lluosog mawrion
    y mawr; y mawrion
    cymaint; mwy; *y* mwyaf
    mor fawr; *mwyaf* mawr

mawreddog *grand; pompous*
    yn dilyn yr un patrwm â **maddeugar**

mawrfrydig *generous*
    yn dilyn yr un patrwm â **maddeugar**

mecanyddol *mechanical*
    yn dilyn yr un patrwm â **maddeugar**

medrus *capable*
    y medrus
    cyn fedrused; *yn* fedrusach; *y* medrusaf
    mor fedrus; *mwy/mwyaf* medrus

meddal *soft*
    y meddal
    cyn feddaled; *yn* feddalach; *y* meddalaf
    mor feddal; *mwy/mwyaf* meddal

meddw *drunk*
lluosog meddwon
y meddw; *y* meddwon
cyn feddwed; *yn* feddwach; *y* meddwaf
mor feddw; *mwy/mwyaf* meddw

meddwol *intoxicating*
yn dilyn yr un patrwm â **maddeugar**

meddygol *medical*
Nid yw'n arfer cael ei gymharu.

meddylgar *thoughtful*
yn dilyn yr un patrwm â **maddeugar**

meddyliol *mental*
Nid yw'n arfer cael ei gymharu.

meidrol *mortal*
lluosog meidrolion
yn dilyn yr un patrwm â **maddeugar**

meined: meinach: meinaf
(gweler **main**)

meinion
(gweler **main**)

meirw; meirwon
(gweler **marw**)

meistrolgar *masterly*
yn dilyn yr un patrwm â **maddeugar**

meitrog *mitred*
Nid yw'n arfer cael ei gymharu.

meithed: meithach: meithaf
(gweler **maith**)

melen
(gweler **melyn**)

melfedaidd *velvety*
yn dilyn yr un patrwm â **maddeugar**

melodaidd *melodic*
yn dilyn yr un patrwm â **maddeugar**

melys *sweet*
lluosog melysion
y melys; *y* melysion
cyn felysed; *yn* felysach; *y* melysaf
mor felys; *mwy/mwyaf* melys

melltigedig *accursed*
yn dilyn yr un patrwm â **maddeugar**

mentrus *daring*
yn dilyn yr un patrwm â **maddeugar**

merchetaidd *effeminate*
yn dilyn yr un patrwm â **maddeugar**

merfaidd *insipid*
y merfaidd
cyn ferfeidded; *yn* ferfeiddach; *y* merfeiddaf
mor ferfaidd; *mwy/mwyaf* merfaidd

mesuradwy *measurable*
yn dilyn yr un patrwm â **maddeugar**

metelaidd *metallic*
yn dilyn yr un patrwm â **maddeugar**

metrig *metric*
Nid yw'n arfer cael ei gymharu.

methedig *disabled*
yn dilyn yr un patrwm â **maddeugar**

mewnblyg *introverted*
yn dilyn yr un patrwm â **maddeugar**

mewndirol *inland*
Nid yw'n arfer cael ei gymharu.

mewnol *internal*
yn dilyn yr un patrwm â **maddeugar**

milain *vicious*
lluosog mileinion
y milain; y mileinion
cyn fileined; *yn* fileinach; *y* mileinaf
mor filain; *mwy/mwyaf* milain

mileinig *vicious*
yn dilyn yr un patrwm â **maddeugar**

milfeddygol *veterinary*
Nid yw'n arfer cael ei gymharu.

milwriaethus *militant*
yn dilyn yr un patrwm â **maddeugar**

milwrol *military*
yn dilyn yr un patrwm â **maddeugar**

miniog *sharp*
y miniog
cyn finioced; *yn* finiocach; *y* miniocaf
mor finiog; *mwy/mwyaf* miniog

mirain *fair*
y firain (os benywaidd)
cyn fireinied; *yn* fireiniach; *y* mireiniaf
mor firain; *mwy/mwyaf* mirain

misol *monthly*
lluosog misolion
Nid yw'n arfer cael ei gymharu.

mochaidd *filthy*
yn dilyn yr un patrwm â **maddeugar**

modern *modern*
yn dilyn yr un patrwm â **maddeugar**

modrwyog *curly*
yn dilyn yr un patrwm â **maddeugar**

moel *bald*
    lluosog moelion
    y moel; y moelion
    cyn foeled; *yn* foelach; *y* moelaf
    mor foel; *mwy/mwyaf* moel

moesgar *courteous*
    yn dilyn yr un patrwm â **maddeugar**

moesol *moral*
    yn dilyn yr un patrwm â **maddeugar**

moethus *rich*
    lluosog moethusion
    y moethus; y moethusion
    cyn foethused; *yn* foethusach; *y* moethusaf
    mor foethus; *mwy/mwyaf* moethus

morwrol *seafaring*
    Nid yw'n arfer cael ei gymharu.

morwynol *maiden*
    Nid yw'n arfer cael ei gymharu.

mud: mudan *dumb*
    lluosog mudion
    yn dilyn yr un patrwm â **maddeugar**

mudol *migratory*
    yn dilyn yr un patrwm â **maddeugar**

mursennaidd *prudish*
    yn dilyn yr un patrwm â **maddeugar**

musgrell *decrepit*
    y musgrell
    cyn fusgrelled; *yn* fusgrellach; *y* musgrellaf
    mor fusgrell; *mwy/mwyaf* musgrell

mwdlyd *muddy*
    yn dilyn yr un patrwm â **maddeugar**

m

mwll *muggy*
    y mwll
    cyn fylled; *yn* fyllach; *y* myllaf
    mor fwll; *mwy/mwyaf* mwll

mwy
    (gweler **mawr**)

mwyn *gentle; mild*
    lluosog mwynion
    y mwyn; y mwynion
    cyn fwyned; *yn* fwynach; *y* mwynaf
    mor fwyn; *mwy/mwyaf* mwyn

mwys *ambiguous*
    Nid yw'n arfer cael ei gymharu.

mydryddol *metrical*
    yn dilyn yr un patrwm â **maddeugar**

myfïol *selfish*
    yn dilyn yr un patrwm â **maddeugar**

myfyrgar *studious*
    yn dilyn yr un patrwm â **maddeugar**

mygedol *honorary*
    Nid yw'n arfer cael ei gymharu.

myglyd *stifling*
    yn dilyn yr un patrwm â **maddeugar**

mylled: myllach: myllaf
    (gweler **mwll**)

mympwyol *arbitrary*
    yn dilyn yr un patrwm â **maddeugar**

mynegol *indicative*
    Nid yw'n arfer cael ei gymharu.

mynwesol *bosom*
    Nid yw'n arfer cael ei gymharu.

mynych *frequent*
    y mynych
    cyn fynyched; *yn* fynychach; *y* mynychaf
    mor fynych; *mwy/mwyaf* mynych

mynyddig *mountainous*
    yn dilyn yr un patrwm â **maddeugar**

n

nacaol *negative*
    mor/mwy/mwyaf **nacaol**

nadd *carved*
    lluosog naddion
    Nid yw'n arfer cael ei gymharu.

naturiol *natural*
    yn dilyn yr un patrwm â **nacaol**

nawddoglyd *patronizing*
    yn dilyn yr un patrwm â **nacaol**

nawddogol *patronizing*
    yn dilyn yr un patrwm â **nacaol**

nefol *heavenly*
    yn dilyn yr un patrwm â **nacaol**

nefolaidd *heavenly*
    lluosog nefolion
    yn dilyn yr un patrwm â **nacaol**

negyddol *negative*
    yn dilyn yr un patrwm â **nacaol**

neilltuol *special*
    yn dilyn yr un patrwm â **nacaol**

nerfol *neural*
    yn dilyn yr un patrwm â **nacaol**

nerfus *nervous*
y nerfus
cyn nerfused; *yn* nerfusach; *y* nerfusaf
mor/mwy/mwyaf nerfus

nerthol *strong*
yn dilyn yr un patrwm â **nacaol**

nesed: nes: nesaf
(gweler **agos**)

newydd *new*
lluosog newyddion
y newydd; y newyddion
cyn newydded; *yn* newyddach; *y* newyddaf
mor/mwy/mwyaf newydd

newydd-anedig *newborn*
Nid yw'n arfer cael ei gymharu.

newynog *hungry*
yn dilyn yr un patrwm â **nacaol**

niferus *numerous*
yn dilyn yr un patrwm â **nacaol**

niwclear *nuclear*
yn dilyn yr un patrwm â **nacaol**

niweidiol *harmful*
yn dilyn yr un patrwm â **nacaol**

niwlog *foggy*
yn dilyn yr un patrwm â **nacaol**

niwmatig *pneumatic*
Nid yw'n arfer cael ei gymharu.

niwtral *neutral*
yn dilyn yr un patrwm â **nacaol**

nobl *noble*
yn dilyn yr un patrwm â **nacaol**

nodedig *remarkable*
yn dilyn yr un patrwm â **nacaol**

nodweddiadol *typical*
yn dilyn yr un patrwm â **nacaol**

noeth *bare*
lluosog noethion
y noeth; y noethion
cyn noethed; *yn* noethach; *y* noethaf
mor/mwy/mwyaf noeth

noethlymun *nude*
Nid yw'n arfer cael ei gymharu.

normal *normal*
Nid yw'n arfer cael ei gymharu.

nosol *nocturnal*
Nid yw'n arfer cael ei gymharu.

nwydus *passionate*
yn dilyn yr un patrwm â **nacaol**

nwyfus *vivacious*
yn dilyn yr un patrwm â **nacaol**

O

od *odd*
yr od
cyn oded; *yn* odach; *yr* odaf
mor/mwy/mwyaf od

odiaeth *exquisite*
Nid yw'n arfer cael ei gymharu.

oer *cold*
lluosog oerion
yr oer
cyn oered; *yn* oerach; *yr* oeraf
mor/mwy/mwyaf oer

o

oeraidd *chilly*
yr oeraidd
mor/mwy/mwyaf oeraidd

oesol *perpetual*
Nid yw'n arfer cael ei gymharu.

ofer *futile*
yr ofer
cyn ofered; *yn* oferach; *yr* oferaf
mor/mwy/mwyaf ofer

ofergoelus *superstitious*
yn dilyn yr un patrwm ag **oeraidd**

ofnadwy *terrible*
yn dilyn yr un patrwm ag **oeraidd**

ofnus *fearful*
yn dilyn yr un patrwm ag **oeraidd**

offerynnol *instrumental*
Nid yw'n arfer cael ei gymharu.

onglog *angular*
yn dilyn yr un patrwm ag **oeraidd**

ôl *rear; back*
olaf (last)

olynol *consecutive*
Nid yw'n arfer cael ei gymharu.

oll
(gweler **holl**)

organig *organic*
yn dilyn yr un patrwm ag **oeraidd**

oriog *fickle; moody*
yn dilyn yr un patrwm ag **oeraidd**

p

pabaidd *papal*
Nid yw'n arfer cael ei gymharu.

pabyddol *Roman Catholic*
y pabyddol
mor babyddol; *mwy/mwyaf* pabyddol

paganaidd *pagan*
yn dilyn yr un patrwm â **pabyddol**

pan *fulling*
Nid yw'n arfer cael ei gymharu.

paralel *parallel*
Nid yw'n arfer cael ei gymharu.

parchedig *revered/reverend*
lluosog parchedigion
y parchedig

parchus *respectable*
lluosog parchusion
y parchus
cyn barchused; *yn* barchusach; *y* parchusaf
mor barchus; *mwy/mwyaf* parchus

parhaol *permanent*
yn dilyn yr un patrwm â **pabyddol**

parhaus *continual*
yn dilyn yr un patrwm â **pabyddol**

parod *ready*
y parod
cyn baroted; *yn* barotach; *y* parotaf
mor barod; *mwy/mwyaf* parod

pasgedig *fatted*
Nid yw'n arfer cael ei gymharu.

patrymog *patterned*
yn dilyn yr un patrwm â **pabyddol**

pechadurus *sinful*
yn dilyn yr un patrwm â **pabyddol**

peiriannol *mechanical*
yn dilyn yr un patrwm â **pabyddol**

peirianyddol *mechanical*
yn dilyn yr un patrwm â **pabyddol**

pell *far*
lluosog pellafion
y pell; y pellafion
cyn belled; *yn* bellach; *y* pellaf
mor bell; *mwy/mwyaf* pell

pellennig *remote*
lluosog pellenigion
yn dilyn yr un patrwm â **pabyddol**

pellgyrhaeddol *far-reaching*
yn dilyn yr un patrwm â **pabyddol**

pen *chief*
pennaf (predominant)

penagored *undecided; indefinite*
yn dilyn yr un patrwm â **pabyddol**

penboeth *hot-headed*
lluosog penboethion
y penboeth; y penboethion
cyn benboethed; *yn* benboethach; *y* penboethaf
mor benboeth; *mwy/mwyaf* penboeth

penchwiban *flighty*
yn dilyn yr un patrwm â **pabyddol**

pendant *definite*
yn dilyn yr un patrwm â **pabyddol**

penderfynol *determined*
yn dilyn yr un patrwm â **pabyddol**

pendramwnwgl *headlong*
Nid yw'n arfer cael ei gymharu.

pengaled *stubborn*
    yn dilyn yr un patrwm â **pabyddol**

penigamp *first-rate*
    Nid yw'n arfer cael ei gymharu.

peniog *brainy*
    yn dilyn yr un patrwm â **pabyddol**

penisel *downcast*
    yn dilyn yr un patrwm â **pabyddol**

penodol *specific*
    yn dilyn yr un patrwm â **pabyddol**

penrhydd *uncurbed; in free metre*
    yn dilyn yr un patrwm â **pabyddol**

penstiff *stubborn*
    yn dilyn yr un patrwm â **pabyddol**

penwan *weak-minded*
    lluosog penweinion
    yn dilyn yr un patrwm â **pabyddol**

penysgafn *giddy*
    yn dilyn yr un patrwm â **pabyddol**

pêr *delicious; sweet*
    y pêr
    cyn bered; *yn* berach; *y* peraf
    mor bêr; *mwy/mwyaf* pêr

peraidd *delicious*
    y peraidd
    cyn bereiddied; *yn* bereiddiach; *y* pereiddiaf
    mor beraidd; *mwy/mwyaf* peraidd

perffaith *perfect*
    y perffaith
    cyn berffeith(i)ed; *yn* berffeith(i)ach; *y* perffeith(i)af
    mor berffaith; *mwy/mwyaf* perffaith

perpendicwlar *perpendicular*
    yn dilyn yr un patrwm â **pabyddol**

persain *melodious*
 y persain
 cyn berseined; *yn* berseinach; *y* perseinaf
 mor bersain; *mwy/mwyaf* persain

persawrus *fragrant*
 yn dilyn yr un patrwm â **pabyddol**

personol *personal*
 yn dilyn yr un patrwm â **pabyddol**

pert *pretty*
 y pert
 cyn berted; *yn* bertach; *y* pertaf
 mor bert; *mwy/mwyaf* pert

perthnasol *pertinent, relevant*
 yn dilyn yr un patrwm â **pabyddol**

perthynol *relative*
 Nid yw'n arfer cael ei gymharu.

peryglus *perilous*
 yn dilyn yr un patrwm â **pabyddol**

petrus *hesident*
 y petrus
 cyn betrused; *yn* betrusach; *y* petrusaf
 mor betrus; *mwy/mwyaf* petrus

petrusgar
 yn dilyn yr un patrwm â **pabyddol**

pig *touchy*
 yn dilyn yr un patrwm â **pabyddol**

pigog *irritable*
 yn dilyn yr un patrwm â **pabyddol**

pitw *puny*
 yn dilyn yr un patrwm â **pabyddol**

piwis *peevish*
 yn dilyn yr un patrwm â **pabyddol**

piwritanaidd *puritanical*
    yn dilyn yr un patrwm â **pabyddol**

plaen *plain*
    y plaen
    cyn blaened; *yn* blaenach; *y* plaenaf
    mor blaen; *mwy/mwyaf* plaen

plastig *plastic*
    yn dilyn yr un patrwm â **pabyddol**

pleidiol *favourable*
    yn dilyn yr un patrwm â **pabyddol**

plentynnaidd *childish*
    yn dilyn yr un patrwm â **pabyddol**

pleserus *pleasant*
    yn dilyn yr un patrwm â **pabyddol**

pluog *feathery*
    Nid yw'n arfer cael ei gymharu.

plwm *leaden*
    Nid yw'n arfer cael ei gymharu.

plwyfol *parochial*
    lluosog plwyfolion
    yn dilyn yr un patrwm â **pabyddol**

plygeiniol *very early in the morning*
    yn dilyn yr un patrwm â **pabyddol**

pob *baked*
    Nid yw'n arfer cael ei gymharu.

poblog *populous*
    yn dilyn yr un patrwm â **pabyddol**

poblogaidd *popular*
    yn dilyn yr un patrwm â **pabyddol**

poenus *painful*
    yn dilyn yr un patrwm â **pabyddol**

poeth *hot*
　　lluosog poethion
　　y poeth; y poethion
　　cyn boethed; *yn* boethach; *y* poethaf
　　mor boeth; *mwy/mwyaf* poeth

politicaidd *political*
　　yn dilyn yr un patrwm â **pabyddol**

pop *pop*
　　Nid yw'n arfer cael ei gymharu.

porcyn *nude; bare*
　　lluosog pyrcs
　　Nid yw'n arfer cael ei gymharu.

porthiannus *well-fed*
　　yn dilyn yr un patrwm â **pabyddol**

posibl *possible*
　　yn dilyn yr un patrwm â **pabyddol**

positif *positive*
　　yn dilyn yr un patrwm â **pabyddol**

post *utter*
　　Nid yw'n arfer cael ei gymharu.

powld *bold; cheeky*
　　yn dilyn yr un patrwm â **pabyddol**

praff *stout*
　　y praff
　　cyn braffed; *yn* braffach; *y* praffaf
　　mor braff; *mwy/mwyaf* praff

preifat *private*
　　yn dilyn yr un patrwm â **pabyddol**

pren *wooden*
　　Nid yw'n arfer cael ei gymharu.

prennaidd *wooden*
　　yn dilyn yr un patrwm â **pabyddol**

presennol *present*
Nid yw'n arfer cael ei gymharu.

preswyl *residential*
Nid yw'n arfer cael ei gymharu.

prid *expensive*
y prid
cyn brited; *yn* britach; *y* pritaf
mor brid; *mwy/mwyaf* prid

prif *main*
Nid yw'n arfer cael ei gymharu.

prin *rare*
lluosog prinion
y prin
cyn brinned; *yn* brinnach; *y* prinnaf
mor brin; *mwy/mwyaf* prin

priod *married*
Nid yw'n arfer cael ei gymharu.

priodol *appropriate*
yn dilyn yr un patrwm â **pabyddol**

prited: pritach: pritaf
(gweler **prid**)

profiadol *experienced*
yn dilyn yr un patrwm â **pabyddol**

proffesiynol *professional*
yn dilyn yr un patrwm â **pabyddol**

propor *proper*
yn dilyn yr un patrwm â **pabyddol**

prudd *sad*
lluosog pruddion
y prudd; y pruddion
cyn brudded; *yn* bruddach; *y* pruddaf
mor brudd; *mwy/mwyaf* prudd

151

pruddglwyfus *depressed; melancholic*
yn dilyn yr un patrwm â **pabyddol**

Prydeinig *British*
yn dilyn yr un patrwm â **pabyddol**

pryderus *worried*
yn dilyn yr un patrwm â **pabyddol**

prydferth *beautiful*
y prydferth
cyn brydferthed; *yn* brydferthach; *y* prydferthaf
mor brydferth; *mwy/mwyaf* prydferth

prydlon *punctual*
yn dilyn yr un patrwm â **pabyddol**

pryfoclyd *provocative*
yn dilyn yr un patrwm â **pabyddol**

prŷn *bought*
Nid yw'n arfer cael ei gymharu.

prysur *busy*
y prysur
cyn brysured; *yn* brysurach; *y* prysuraf
mor brysur; *mwy/mwyaf* prysur

pur *pure*
lluosog purion
y pur
cyn bured; *yn* burach; *y* puraf
mor bur; *mwy/mwyaf* pur

pwdlyd *sulky*
yn dilyn yr un patrwm â **pabyddol**

pwdr *rotten*
yn dilyn yr un patrwm â **pabyddol**

pŵl *pure*
y pŵl
cyn byled; *yn* bylach; *y* pylaf
mor bŵl; *mwy/mwyaf* pŵl

152

pwrpasol *purposeful*
  yn dilyn yr un patrwm â **pabyddol**

pwt *short*
  yn dilyn yr un patrwm â **pabyddol**

pwyllog *prudent*
  yn dilyn yr un patrwm â **pabyddol**

pwysig *important*
  lluosog pwysigion
  y pwysig; y pwysigion
  cyn bwysiced; *yn* bwysicach; *y* pwysicaf
  mor bwysig; *mwy/mwyaf* pwysig

pybyr *enthusiastic*
  yn dilyn yr un patrwm â **pabyddol**

pỳg *soiled*
  yn dilyn yr un patrwm â **pabyddol**

pygddu *pitch-black*
  yn dilyn yr un patrwm â **pabyddol**

pyled: pylach: pylaf
  (gweler **pŵl**)

pyrcs
  (gweler **porcyn**)

pythefnosol *fortnightly*
  Nid yw'n arfer cael ei gymharu.

r

radicalaidd *radical*
  mor/mwy/mwyaf radical

rownd *round*
  mor/mwy/mwyaf rownd

rhacsog *tattered*

rhacs
   y rhacs
   mor/mwy/mwyaf rhacs

rhad *cheap*
   y rhad
   cyn rhated; *yn* rhatach; *y* rhataf
   mor/mwy/mwyaf rhad

rhadlon *gracious*
   y rhadlon
   cyn rhadloned; *yn* rhadlonach; *y* rhadlonaf
   mor/mwy/mwyaf rhadlon

rhagarweiniol *introductory*
   Nid yw'n arfer cael ei gymharu.

rhagbaratoawl *preparatory*
   Nid yw'n arfer cael ei gymharu.

rhagfarnllyd *prejudiced*
   yn dilyn yr un patrwm â **rhacs**

rhagorol *excellent*
   yn dilyn yr un patrwm â **rhacs**

rhagrithiol *hypocritical*
   yn dilyn yr un patrwm â **rhacs**

rhamantus *romantic*
   yn dilyn yr un patrwm â **rhacs**

rhanadwy *divisible*
   Nid yw'n arfer cael ei gymharu.

rhanbarthol *regional*
   Nid yw'n arfer cael ei gymharu.

rhanedig *divided*
   yn dilyn yr un patrwm â **rhacs**

rhannol *partial*
   Nid yw'n arfer cael ei gymharu.

rhated: rhatach: rhataf
(gweler **rhad**)

rhedegog *running*
yn dilyn yr un patrwm â **rhacs**

rheibus *voracious*
yn dilyn yr un patrwm â **rhacs**

rheolaidd *regular*
yn dilyn yr un patrwm â **rhacs**

rhesymegol *logical*
yn dilyn yr un patrwm â **rhacs**

rhesymol *reasonable*
yn dilyn yr un patrwm â **rhacs**

rhewllyd *icy*
yn dilyn yr un patrwm â **rhacs**

rhinweddol *virtuous*
yn dilyn yr un patrwm â **rhacs**

rhodresgar *ostentatious*
yn dilyn yr un patrwm â **rhacs**

rhonc *out and out*
Nid yw'n arfer cael ei gymharu.

rhost *roast*
Nid yw'n arfer cael ei gymharu.

rhudd *ruddy*
lluosog rhuddion
y rhudd; *y* rhuddion
cyn rhudded; *yn* rhuddach; *y* rhuddaf
mor/mwy/mwyaf rhudd

rhugl *fluent*
y rhugl
cyn rhugled; *yn* rhuglach; *y* rhuglaf
mor/mwy/mwyaf rhugl

rhwth *gaping*
    lluosog rhythion
    Nid yw'n arfer cael ei gymharu.

rhwydd *easy*
    y rhwydd
    cyn rhwydded; *yn* rhwyddach; *y* rhwyddaf
    mor/mwy/mwyaf rhwydd

rhwyfus *restless*
    yn dilyn yr un patrwm â **rhacs**

rhwyllog *latticed*
    yn dilyn yr un patrwm â **rhacs**

rhwym *constipated*
    yn dilyn yr un patrwm â **rhacs**

rhwymedig *bound*
    Nid yw'n arfer cael ei gymharu.

rhychiog *corrugated*
    yn dilyn yr un patrwm â **rhacs**

rhychog *wrinkled*
    yn dilyn yr un patrwm â **rhacs**

rhydlyd *rusty*
    yn dilyn yr un patrwm â **rhacs**

rhydd *free*
    lluosog rhyddion
    yn dilyn yr un patrwm â **rhacs**

rhyddfrydig *liberal*
    yn dilyn yr un patrwm â **rhacs**

rhyfedd *strange*
    y rhyfedd
    cyn rhyfedded; *yn* rhyfeddach; *y* rhyfeddaf
    mor/mwy/mwyaf rhyfedd

rhyfeddol *amazing*
    yn dilyn yr un patrwm â **rhacs**

rhyfelgar *warring*
   yn dilyn yr un patrwm â **rhacs**

rhyfygus *arrogant*
   yn dilyn yr un patrwm â **rhacs**

rhyngwladol *international*
   Nid yw'n arfer cael ei gymharu.

rhynllyd *shivering*
   Nid yw'n arfer cael ei gymharu.

rhythion
   (gweler **rhwth**)

rhythmig *rhythmical*
   yn dilyn yr un patrwm â **rhacs**

rhywiol *sexual*
   yn dilyn yr un patrwm â **rhacs**

S

sad *stable*
   y sad
   cyn saded; *yn* sadach; *y* sadaf
   mor sad; *mwy/mwyaf* sad

safadwy *steadfast*
   y safadwy
   mor/mwy/mwyaf safadwy

safonol *standard*
   yn dilyn yr un patrwm â **safadwy**

saff *safe*
   y saff
   cyn saffed; *yn* saffach; *y* saffaf
   mor/mwy/mwyaf saff

s

sâl *ill*
    y sâl
    cyn saled; *yn* salach; *y* salaf
    mor/mwy/mwyaf sâl

salw *ugly*
    y salw
    cyn salwed; *yn* salwach; *y* salwaf
    mor/mwy/mwyaf salw

sanctaidd *sacred*
    y sanctaidd
    cyn sancteiddied; *yn* sancteiddiach; *y* sancteiddiaf
    mor/mwy/mwyaf sanctaidd

sarhaus *insulting*
    yn dilyn yr un patrwm â **safadwy**

sarrug *churlish*
    yn dilyn yr un patrwm â **safadwy**

sathredig *colloquial*
    yn dilyn yr un patrwm â **safadwy**

sawrus *savoury*
    yn dilyn yr un patrwm â **safadwy**

sbâr *spare*
    lluosog sbarion
    Nid yw'n arfer cael ei gymharu.

sbeislyd *spicy*
    yn dilyn yr un patrwm â **safadwy**

sbeitlyd *spiteful*
    yn dilyn yr un patrwm â **safadwy**

sech
    (gweler **sych**)

seciwlar *secular*
    yn dilyn yr un patrwm â **safadwy**

sefydledig *established*
    yn dilyn yr un patrwm â **safadwy**

158

S

sefydlog *settled*
yn dilyn yr un patrwm â **safadwy**

segur *idle*
y segur
cyn segured; *yn* segurach; *y* seguraf
mor/mwy/mwyaf segur

sengl *single*
Nid yw'n arfer cael ei gymharu.

seicolegol *psychological*
Nid yw'n arfer cael ei gymharu.

seimllyd *greasy*
yn dilyn yr un patrwm â **safadwy**

seismig *seismic*
yn dilyn yr un patrwm â **safadwy**

Seisnig *English*
y Seisnig
cyn Seisniced; *yn* Seisnicach; *y* Seisnicaf
mor /mwy/mwyaf Seisnig

seithug *wasted*
yn dilyn yr un patrwm â **safadwy**

selog *zealous*
lluosog selogion
y selog; y selogion
cyn seloced; *yn* selocach; *y* selocaf
mor selog; *mwy/mwyaf* selog

seml
(gweler **syml**)

seneddol *parliamentary*
Nid yw'n arfer cael ei gymharu.

sensitif *sensitive*
yn dilyn yr un patrwm â **safadwy**

serchog *affectionate*
yn dilyn yr un patrwm â **safadwy**

159

serennog *starry*
  yn dilyn yr un patrwm â **safadwy**

serth *steep*
  y serth
  cyn serthed; *yn* serthach; *y* serthaf
  mor/mwy/mwyaf serth

seth
  (gweler **syth**)

sfferaidd *spherical*
  yn dilyn yr un patrwm â **safadwy**

sgim *skimmed*
  Nid yw'n arfer cael ei gymharu.

sgiw *sloping*
  Nid yw'n arfer cael ei gymharu.

sgwâr *square*
  yn dilyn yr un patrwm â **safadwy**

siapus *shapely*
  yn dilyn yr un patrwm â **safadwy**

siaradus *talkative*
  yn dilyn yr un patrwm â **safadwy**

siarp *sharp*
  y siarp
  cyn siarped; *yn* siarpach; *y* siarpaf
  mor/mwy/mwyaf siarp

sicr: siŵr *sure*
  y sicr
  cyn sicred; *yn* sicrach; *y* sicraf
  mor/mwy/mwyaf sicr

sidanaidd *silken*
  yn dilyn yr un patrwm â **safadwy**

sifil *civil*
  Nid yw'n arfer cael ei gymharu.

sigledig *shaky*
yn dilyn yr un patrwm â **safadwy**

silindrog *cylindrical*
yn dilyn yr un patrwm â **safadwy**

simsan *unsteady*
y simsan
cyn simsaned; *yn* simsanach; *y* simsanaf
mor/mwy/mwyaf simsan

siomedig *disappointed*
yn dilyn yr un patrwm â **safadwy**

sionc *nimble*
y sionc
cyn sionced; *yn* sioncach; *y* sioncaf
mor/mwy/mwyaf sionc

siriol *cheerful*
y siriol
cyn sirioled; *yn* siriolach; *y* siriolaf
mor/mwy/mwyaf siriol

sirol *county*
Nid yw'n arfer cael ei gymharu.

slafaidd *slavish*
yn dilyn yr un patrwm â **safadwy**

smala *droll*
yn dilyn yr un patrwm â **safadwy**

smwt *snub*
yn dilyn yr un patrwm â **safadwy**

snobyddlyd *snobbish*
yn dilyn yr un patrwm â **safadwy**

sobr *serious; sober*
y sobr
cyn sobred; *yn* sobrach; *y* sobraf
mor/mwy/mwyaf sobr

soeglyd *soggy*
  yn dilyn yr un patrwm â **safadwy**

solet: solid *solid*
  yn dilyn yr un patrwm â **safadwy**

soniarus *tuneful*
  yn dilyn yr un patrwm â **safadwy**

soporiffig *soporific*
  yn dilyn yr un patrwm â **safadwy**

sosialaidd *socialist*
  yn dilyn yr un patrwm â **safadwy**

sownd *sound*
  yn dilyn yr un patrwm â **safadwy**

statudol *statutory*
  yn dilyn yr un patrwm â **safadwy**

stereoffonig *stereophonic*
  Nid yw'n arfer cael ei gymharu.

sterylledig *sterilized*
  Nid yw'n arfer cael ei gymharu.

stiff *stiff*
  y stiff
  cyn stiffed; *yn* stiffach; *y* stiffaf
  mor/mwy/mwyaf stiff

stond *stock-still*
  yn dilyn yr un patrwm â **safadwy**

stormus *stormy*
  yn dilyn yr un patrwm â **safadwy**

straegar *tale-telling*
  yn dilyn yr un patrwm â **safadwy**

strategol *strategic*
  yn dilyn yr un patrwm â **safadwy**

stwrllyd *rowdy*
  yn dilyn yr un patrwm â **safadwy**

suddlon *succulent*
  Nid yw'n arfer cael ei gymharu.

sur *sour*
 lluosog surion
 y sur
 cyn sured; *yn* surach; *y* suraf
 mor/mwy/mwyaf sur

surbwch *surly*
 yn dilyn yr un patrwm â **safadwy**

swci *tame*
 yn dilyn yr un patrwm â **safadwy**

swil *shy*
 y swil
 cyn swiled; *yn* swilach; *y* swilaf
 mor/mwy/mwyaf swil

swmpus *bulky*
 yn dilyn yr un patrwm â **safadwy**

swnllyd *noisy*
 yn dilyn yr un patrwm â **safadwy**

swrth *sullen*
 y swrth
 cyn swrthed; *yn* swrthach; *y* swrthaf
 mor/mwy/mwyaf swrth

swta *abrupt*
 yn dilyn yr un patrwm â **safadwy**

swyddogol *official*
 yn dilyn yr un patrwm â **safadwy**

swynol *charming*
 yn dilyn yr un patrwm â **safadwy**

sych *dry*
 benywaidd sech
 lluosog sychion
 y sych
 cyn syched; *yn* sychach; *y* sychaf
 mor/mwy/mwyaf sych

sychedig *thirsty*
yn dilyn yr un patrwm â **safadwy**

sydyn *sudden*
yn dilyn yr un patrwm â **safadwy**

syfrdan *dazed*
y syfrdan

syfrdanol *amazing*
yn dilyn yr un patrwm â **safadwy**

sylfaenol *fundamental*
yn dilyn yr un patrwm â **safadwy**

sylweddol *substantial*
yn dilyn yr un patrwm â **safadwy**

sylwgar *observant*
yn dilyn yr un patrwm â **safadwy**

symbolaidd *symbolic*
yn dilyn yr un patrwm â **safadwy**

syml *simple*
benywaidd seml
y syml
cyn symled; *yn* symlach; *y* symlaf
mor/mwy/mwyaf syml

symol *fair*
Nid yw'n arfer cael ei gymharu.

symudol *movable*
yn dilyn yr un patrwm â **safadwy**

syn *amazed*
yn dilyn yr un patrwm â **safadwy**

synhwyrol *sensible*
yn dilyn yr un patrwm â **safadwy**

synthetig *synthetic*
yn dilyn yr un patrwm â **safadwy**

syth *straight*
    benywaidd seth
    lluosog sythion
    y syth
    cyn sythed; *yn* sythach; *y* sythaf
    mor/mwy/mwyaf syth

t

taclus *tidy*
    y taclus
    cyn daclused; *yn* daclusach; *y* taclusaf
    mor daclus; *mwy/mwyaf* taclus

tadol *paternal*
    y tadol
    mor dadol; *mwy/mwyaf* tadol

taeogaidd *servile*
    yn dilyn yr un patrwm â **tadol**

taer *earnest*
    y taer
    cyn daered; *yn* daerach; *y* taeraf
    mor daer; *mwy/mwyaf* taer

tafodrydd *garrulous; glib*
    yn dilyn yr un patrwm â **tadol**

tangnefeddus *peaceful*
    yn dilyn yr un patrwm â **tadol**

tal *tall*
    y tal
    cyn daled; *yn* dalach; *y* talaf
    mor dal; *mwy/mwyaf* tal

taladwy *payable*
    Nid yw'n arfer cael ei gymharu.

taleithiol *provincial*
  yn dilyn yr un patrwm â **tadol**

talentog *talented*
  yn dilyn yr un patrwm â **tadol**

talïaidd *noble; refined*
  yn dilyn yr un patrwm â **tadol**

talog *jaunty*
  yn dilyn yr un patrwm â **tadol**

talpiog *lumpy*
  yn dilyn yr un patrwm â **tadol**

tameidiog *bitty*
  yn dilyn yr un patrwm â **tadol**

tanbaid *fiery*
  y tanbaid
  cyn danbeitied; *yn* danbeitiach; *y* tanbeitiaf
  mor danbaid; *mwy/mwyaf* tanbaid

tanddaearol *underground*
  lluosog tanddaearolion
  Nid yw'n arfer cael ei gymharu.

tanfor *submarine*
  Nid yw'n arfer cael ei gymharu.

tanllyd *fiery*
  yn dilyn yr un patrwm â **tadol**

tawdd *molten*
  lluosog toddion
  Nid yw'n arfer cael ei gymharu.

tawedog *taciturn*
  yn dilyn yr un patrwm â **tadol**

tawel *quiet*
  y tawel
  cyn daweled; *yn* dawelach; *y* tawelaf
  mor dawel; *mwy/mwyaf* tawel

tebyg *similar*
    y tebyg
    cyn debyced; *yn* debycach; *y* tebycaf
    mor debyg; *mwy/mwyaf* tebyg

tebygol *likely*
    yn dilyn yr un patrwm â **tadol**

technegol *technical*
    yn dilyn yr un patrwm â **tadol**

technolegol *technological*
    yn dilyn yr un patrwm â **tadol**

teg *pretty; fine; impartial*
    y teg
    cyn deced; *yn* decach; *y* tecaf
    mor deg; *mwy/mwyaf* teg

teilwng *worthy*
    y teilwng
    cyn deilynged; *yn* deilyngach; *y* teilyngaf
    mor deilwng; *mwy/mwyaf* teilwng

teimladol *emotional*
    yn dilyn yr un patrwm â **tadol**

teimladwy *sensitive*
    yn dilyn yr un patrwm â **tadol**

teithiol *itinerant*
    yn dilyn yr un patrwm â **tadol**

telesgopig *telescopic*
    Nid yw'n arfer cael ei gymharu.

telynegol *lyrical*
    yn dilyn yr un patrwm â **tadol**

tenau *thin*
    lluosog teneuon
    y tenau; y teneuon
    cyn deneued; *yn* deneuach; *y* teneuaf
    mor denau; *mwy/mwyaf* tenau

terfynol *terminal*
yn dilyn yr un patrwm â **tadol**

terfysglyd *riotous*
yn dilyn yr un patrwm â **tadol**

tesog *sunny*
yn dilyn yr un patrwm â **tadol**

teuluol *domestic*
yn dilyn yr un patrwm â **tadol**

tew *fat*
lluosog tewion
y tew; y tewion
cyn dewed; *yn* dewach; *y* tewaf
mor dew; *mwy/mwyaf* tew

teyrngar *loyal*
y teyrngar
cyn deyrngared; *yn* deyrngarach; *y* teyrngaraf
mor deyrngar; *mwy/mwyaf* teyrngar

tila *insignificant*
yn dilyn yr un patrwm â **tadol**

tirf *verdant*
yn dilyn yr un patrwm â **tadol**

tiriog *landed*
yn dilyn yr un patrwm â **tadol**

tirion *gentle*
y tirion
cyn dirioned; *yn* dirionach; *y* tirionaf
mor dirion; *mwy/mwyaf* tirion

tlawd *poor*
benywaidd tlos
lluosog tlodion
y tlawd; y tlodion
cyn dloted; *yn* dlotach; *y* tlotaf
mor dlawd; *mwy/mwyaf* tlawd

tlws *pretty*
　　lluosog tlysion
　　y tlws; y tlysion
　　cyn dlysed; *yn* dlysach; *y* tlysaf
　　mor dlws; *mwy/mwyaf* tlws

toddadwy *soluble*
　　yn dilyn yr un patrwm â **tadol**

toddion
　　(gweler **tawdd**)

tonnog *wavy*
　　yn dilyn yr un patrwm â **tadol**

torcalonnus *heartbreaking*
　　yn dilyn yr un patrwm â **tadol**

toreithiog *prolific*
　　yn dilyn yr un patrwm â **tadol**

tost *sore*
　　y tost
　　cyn dosted; *yn* dostach; *y* tostaf
　　mor dost; *mwy/mwyaf* tost

tosturiol *compassionate*
　　yn dilyn yr un patrwm â **tadol**

totalitaraidd *totalitarian*
　　yn dilyn yr un patrwm â **tadol**

trachwantus *avaricious*
　　yn dilyn yr un patrwm â **tadol**

tra-chywir *precise*
　　Nid yw'n arfer cael ei gymharu.

traddodiadol *traditional*
　　yn dilyn yr un patrwm â **tadol**

trafferthus *troublesome*
　　yn dilyn yr un patrwm â **tadol**

tragwyddol *eternal*
Nid yw'n arfer cael ei gymharu.

tragywydd *eternal*
Nid yw'n arfer cael ei gymharu.

trahaus *arrogant*
yn dilyn yr un patrwm â **tadol**

trallodus *troubled*
yn dilyn yr un patrwm â **tadol**

tramor *overseas*
Nid yw'n arfer cael ei gymharu.

trawiadol *striking*
yn dilyn yr un patrwm â **tadol**

traws *cross*
Nid yw'n arfer cael ei gymharu.

trech *superior*
cyn dreched; *yn* drech; *y* trechaf
*(Sylwch: does dim ffurf 'trechach' na ffurfiau gyda
'mor', 'mwy', 'mwyaf'.)*

trefnus *orderly*
yn dilyn yr un patrwm â **tadol**

trefol *urban*
yn dilyn yr un patrwm â **tadol**

treisiol *violent*
yn dilyn yr un patrwm â **tadol**

trist *sad*
y trist
cyn dristed; *yn* dristach; *y* tristaf
mor drist; *mwy/mwyaf* trist

triw *faithful*
yn dilyn yr un patrwm â **tadol**

troellog *twisting*
yn dilyn yr un patrwm â **tadol**

trofannol *tropical*
    yn dilyn yr un patrwm â **tadol**

trom
    (gweler **trwm**)

truan *wretched*
    lluosog trueiniaid
    Nid yw'n arfer cael ei gymharu.

truenus *wretched*
    yn dilyn yr un patrwm â **tadol**

trugarog *merciful*
    lluosog trugarorion
    y trugarog
    cyn drugaroced; *yn* drugarocach; *y* trugarocaf
    mor drugarog; *mwy/mwyaf* trugarog

trwchus *thick*
    yn dilyn yr un patrwm â **tadol**

trwm *heavy*
    benywaidd trom
    lluosog trymion
    y trwm; *y* trymion
    cyn drymed; *yn* drymach; *y* trymaf
    mor drwm; *mwy/mwyaf* trwm

trwsgl *clumsy*
    y trwsgl
    cyn drwsgled; *yn* drwsglach; *y* trwsglaf
    mor drwsgl; *mwy/mwyaf* trwsgl

trwsiadus *dapper*
    yn dilyn yr un patrwm â **tadol**

trwstan *awkward*
    yn dilyn yr un patrwm â **tadol**

trwyadl *thorough*
    yn dilyn yr un patrwm â **tadol**

trwyddedig *licensed*
Nid yw'n arfer cael ei gymharu.

trwynol *nasal*
Nid yw'n arfer cael ei gymharu.

trybeilig *awful*
yn dilyn yr un patrwm â **tadol**

trychinebus *calamitous*
yn dilyn yr un patrwm â **tadol**

trydanol *electric*
yn dilyn yr un patrwm â **tadol**

tryloyw *transparent*
lluosog tryloywon
y tryloyw
cyn dryloywed; *yn* dryloywach; *y* tryloywaf
mor dryloyw; *mwy/mwyaf* tryloyw

trylwyr *thorough*
y trylwyr
cyn drylwyred; *yn* drylwyrach; *y* trylwyraf
mor drylwyr; *mwy/mwyaf* trylwyr

trymaidd *heavy*
yn dilyn yr un patrwm â **tadol**

trymion
(gweler **trwm**)

trystiog *noisy*
yn dilyn yr un patrwm â **tadol**

tsieini *china*
Nid yw'n arfer cael ei gymharu.

tueddol *inclined*
yn dilyn yr un patrwm â **tadol**

tun *tin*
Nid yw'n arfer cael ei gymharu.

twp *stupid*
    lluosog twps
    y twp
    cyn dwped; *yn* dwpach; *y* twpaf
    mor dwp; *mwy/mwyaf* twp

twt *neat*
    y twt
    cyn dwted; *yn* dwtach; *y* twtaf
    mor dwt; *mwy/mwyaf* twt

twyllodrus *deceptive*
    yn dilyn yr un patrwm â **tadol**

twym *hot*
    y twym
    cyn dwymed; *yn* dwymach; *y* twymaf
    mor dwym; *mwy/mwyaf* twym

tybiedig *supposed*
    Nid yw'n arfer cael ei gymharu.

tyngedfennol *fateful*
    yn dilyn yr un patrwm â **tadol**

tyllog *perforated*
    yn dilyn yr un patrwm â **tadol**

tymherus *temperate*
    Nid yw'n arfer cael ei gymharu.

tymhestlog *stormy*
    yn dilyn yr un patrwm â **tadol**

tyn *tight*
    lluosog tynion
    y tyn
    cyn dynned; *yn* dynnach; *y* tynnaf
    mor dynn; *mwy/mwyaf* tyn
    [*Dyblwch yr 'n' yn y ffurf 'dynn'.*]

tyner *tender*
> y tyner
> *cyn* dynered; *yn* dynerach; *y* tyneraf
> *mor* dyner; *mwy/mwyaf* tyner

tywodlyd *sandy*
> yn dilyn yr un patrwm â **tadol**

tywyll *dark*
> *benywaidd* tywell
> y tywyll
> *cyn* dywylled; *yn* dywyllach; *y* tywyllaf
> *mor* dywyll; *mwy/mwyaf* tywyll

tywysogaidd *princely*
> yn dilyn yr un patrwm â **tadol**

th

theatraidd *theatrical*
> y theatraidd
> *mor/mwy/mwyaf* theatraidd

therapiwtig *therapeutic*
> yn dilyn yr un patrwm â **theatraidd**

thermol *thermal*
> Nid yw'n arfer cael ei gymharu.

thermoniwclear *thermonuclear*
> Nid yw'n arfer cael ei gymharu.

u

uchel *high*
    lluosog uchafion
    yr uchel
    cyfuwch; *yn* uwch; *yr* uchaf
    mor/mwy/mwyaf uchel

uchel-ael *highbrow*
    yr uchel-ael
    mor/mwy/mwyaf uchel-ael

uchelgeisiol *ambitious*
    yn dilyn yr un patrwm ag **uchel-ael**

ufudd *obedient*
    yn dilyn yr un patrwm ag **uchel-ael**

uffernol *infernal; terrible*
    yn dilyn yr un patrwm ag **uchel-ael**

unbenaethol *dictatorial*
    yn dilyn yr un patrwm ag **uchel-ael**

undebol *united; union related*
    Nid yw'n arfer cael ei gymharu.

undonog *boring; monotonous*
    yn dilyn yr un patrwm ag **uchel-ael**

unedig *united*
    yn dilyn yr un patrwm ag **uchel-ael**

unfarn *unanimous*
    Nid yw'n arfer cael ei gymharu.

unfath *identical*
    Nid yw'n arfer cael ei gymharu.

unfrydol *unanimous*
    yn dilyn yr un patrwm ag **uchel-ael**

unffordd *one-way*
    Nid yw'n arfer cael ei gymharu.

u

unffurf *uniform*
yn dilyn yr un patrwm ag **uchel-ael**

uniaith *monoglot*
Nid yw'n arfer cael ei gymharu.

unig *lonely*
yn dilyn yr un patrwm ag **uchel-ael**

unigol *singular*
lluosog unigolion
Nid yw'n arfer cael ei gymharu.

unigryw *unique*
Nid yw'n arfer cael ei gymharu.

union *direct*
Nid yw'n arfer cael ei gymharu.

uniongyrchol *direct*
yn dilyn yr un patrwm ag **uchel-ael**

unionsyth *upright*
yn dilyn yr un patrwm ag **uchel-ael**

unlliw *monochrome*
Nid yw'n arfer cael ei gymharu.

unllygeidiog *blinkered; one-eyed*
yn dilyn yr un patrwm ag **uchel-ael**

unnos *one-night*
Nid yw'n arfer cael ei gymharu.

unochrog *biased*
yn dilyn yr un patrwm ag **uchel-ael**

unol *united*
yn dilyn yr un patrwm ag **uchel-ael**

unplyg *single-minded*
yn dilyn yr un patrwm ag **uchel-ael**

unrhyw *any*
Nid yw'n arfer cael ei gymharu.

unsain *unison*
   Nid yw'n arfer cael ei gymharu.

unsill *monosyllabic*
   Nid yw'n arfer cael ei gymharu.

unswydd *express*
   Nid yw'n arfer cael ei gymharu.

urddasol *dignified*
   yn dilyn yr un patrwm ag **uchel-ael**

uwchradd *secondary (of school)*
   Nid yw'n arfer cael ei gymharu.

uwchseinaidd *supersonic*
   Nid yw'n arfer cael ei gymharu.

uwchsonig *ultrasonic*
   Nid yw'n arfer cael ei gymharu.

W

wit-wat *fickle*
   mor/mwy/mwyaf wit-wat

wythnosol *weekly*
   lluosog wythnosolion
   Nid yw'n arfer cael ei gymharu.

y

ychwanegol *additional*
   Nid yw'n arfer cael ei gymharu.

ychydig *little*
   mor ychydig

ymadawedig *departed*
   Nid yw'n arfer cael ei gymharu.

ymarferol *practical*
  yr ymarferol
  mor/mwy/mwyaf ymarferol

ymbelydrol *radioactive*
  yn dilyn yr un patrwm ag **ymarferol**

ymfflamychol *inflammatory*
  yn dilyn yr un patrwm ag **ymarferol**

ymffrostgar *boastful*
  yn dilyn yr un patrwm ag **ymarferol**

ymgynghorol *advisory*
  Nid yw'n arfer cael ei gymharu.

ymhlyg *implicit*
  Nid yw'n arfer cael ei gymharu.

ymosodol *aggressive*
  yn dilyn yr un patrwm ag **ymarferol**

ymwybodol *aware*
  yn dilyn yr un patrwm ag **ymarferol**

ymylol *marginal*
  yn dilyn yr un patrwm ag **ymarferol**

ynfyd *idiotic*
  lluosog ynfydion
  yr ynfyd;
  cyn ynfyted; *yn* ynfytach; *yr* ynfytaf
  mor/mwy/mwyaf ynfyd

ysbeidiol *spasmodic*
  yn dilyn yr un patrwm ag **ymarferol**

ysblennydd *splendid*
  yn dilyn yr un patrwm ag **ymarferol**

ysbrydol *spiritual*
  yn dilyn yr un patrwm ag **ymarferol**

ysbrydoledig *inspired*
  yn dilyn yr un patrwm ag **ymarferol**

ysgafala *light-hearted*
    yn dilyn yr un patrwm ag **ymarferol**

ysgafn *light*
    lluosog ysgeifn
    yr ysgafn
    cyn ysgafned; *yn* ysgafnach; *yr* ysgafnaf
    mor/mwy/mwyaf ysgafn

ysgeler *villainous*
    yn dilyn yr un patrwm ag **ymarferol**

ysgithrog *craggy*
    yn dilyn yr un patrwm ag **ymarferol**

ysglyfaethus *predatory*
    yn dilyn yr un patrwm ag **ymarferol**

ysgrifenedig *written*
    Nid yw'n arfer cael ei gymharu.

ysgrythurol *scriptural*
    yn dilyn yr un patrwm ag **ymarferol**

ysgubol *sweeping*
    yn dilyn yr un patrwm ag **ymarferol**

ysgymun *accursed*
    yn dilyn yr un patrwm ag **ymarferol**

ysgytwol *jolting*
    yn dilyn yr un patrwm ag **ymarferol**

ysig *bruised*
    yn dilyn yr un patrwm ag **ymarferol**

ysol *consuming*
    yn dilyn yr un patrwm ag **ymarferol**

ystrydebol *hackneyed*
    yn dilyn yr un patrwm ag **ymarferol**

ystrywgar *crafty*
    yn dilyn yr un patrwm ag **ymarferol**

ystwyth *pliable; supple*
    yr ystwyth
    cyn ystwythed; *yn* ystwythach; *yr* ystwythaf
    mor/mwy/mwyaf ystwyth

ystyfnig *stubborn*
    yr ystyfnig
    cyn ystyfniced; *yn* ystyfnicach; *yr* ystyfnicaf
    mor/mwy/mwyaf ystyfnig

ystyriol *considerate*
    yn dilyn yr un patrwm ag **ymarferol**